AF196426

www.tredition.de

Klaus Schäfer

Böse Erinnerungen

www.tredition.de

Verlag und Druck: tredition GmbH, Hamburg

ISBN

Paperback: 978-3-7469-1617-0

Hardcover: 978-3-7469-1618-7

e-Book: 978-3-7469-1619-4

Böse

Erinnerungen

Inhaltsverzeichnis

Vorwort

Das, was Sie jetzt zu lesen bekommen, habe ich nur meiner Therapeutin Sabine Baumann zu verdanken.

Sie sagte bei einer Therapiestunde nebenbei, über meine Geschichte könne man ja ein Buch schreiben. Da ich diesen Gedanken sofort aufnahm, entstand diese Geschichte, dieses Buch, Manuskript, dieser Bericht, diese Aufzeichnungen oder wie immer Sie es nennen wollen. Die frühesten dauerhaften Erinnerungen bei Kindern setzen, so Hirnforscher, zwischen dem Ende des zweiten und dem Ende des dritten Lebensjahres ein. Im Schnitt beginnen die ersten dauerhaften Erinnerungen mit dreieinhalb Jahren. Wenn dann doch die ersten vier Lebensjahre für das Kind rückblickend im Nebel verschwinden, hat das für die Eltern auch etwas Gutes: Sie können umso länger Geschichten von früher erzählen, während das groß gewordene Kind schweigt und nickt. Es kann ja nicht widersprechen. **Quelle:**

www.spiegel.de/Gesundheit/Psychologie/Körpersprache

Eigentlich hatte ich gar keine Erinnerungen an meine Kindheit. Sie waren einfach weg oder verdrängt. Es ist denke ich normal, dass man sich mit 56 Jahren nicht mehr an seine Kindheit erinnern kann oder will. So dachte ich zumindest ...

Doch ich wurde eines Besseren belehrt. Es kam der Tag, an dem ich mich in psychologische Behandlung begab. Ich habe eine gewisse Zeit gebraucht, um überhaupt bereit für die Behandlung zu sein. Was ich nie im Leben vermutet hätte, war, dass ich mich an alles zurückerinnern konnte, jedenfalls bis zum fünften Lebensjahr. Das war eine Geschichte, die ich nie verstanden hatte. Aber lesen Sie selbst und machen Sie sich ein Bild von dem, was Sie gleich erfahren werden ...

Alle Namen und Orte wurden geändert.

Einleitung

Es war der 22. Dezember 2016, ich wurde zum Gutachter bestellt. Aber dieses Mal hatte die Rentenversicherung den Termin für mich festgelegt. Sie wollte sichergehen, dass ich wirklich Schmerzen und Depressionen hatte. Den Gutachter der Krankenkasse hatte ich „überlebt". Also wollte die Rentenversicherung sicherstellen, dass das Gutachten mit dem der Krankenkasse übereinstimmt. Es könnte ja sein, dass ich gar nicht krank war, sondern nur zu faul zum Arbeiten. Jedenfalls hatte ich den Termin um 10:25 Uhr. Und da ich noch von der „alten" Schule bin und weiß, was eine deutsche Tugend wie zum Beispiel Pünktlichkeit ist, war ich eine halbe Stunde früher gekommen. Ich kann es nicht leiden, auf den letzten Drücker zu erscheinen, wenn ich Termine habe. Es waren noch zwei oder drei andere Patienten da, die vor mir an der Reihe waren. Im Warteraum herrschte eine Stille, die schon etwas seltsam war. Und ich dachte, die, die hier sitzen, müssten sich auch mustern lassen. Na ja, dann war ich jedenfalls nicht der Einzige, sagte ich mir. Ich hatte ein ängstliches Gefühl, weil ich nicht wusste, was hier auf mich zukam. Ich nutzte die Zeit, die ich warten musste, und machte mir Gedanken, wie ich zum Gutachter gekommen war und vor allem, aus welchem Grund. Ich schaute aus dem Fenster und ließ die letzten zwei Jahre noch einmal Revue passieren.

Die Erinnerung

Es war der 9. November 2015 und das Wartezimmer war überfüllt. Ich kam gerade vom Arbeitsamt und hatte meine Kündigung zum 1. Dezember 2015, die ich vom Arbeitgeber erhalten hatte, termingerecht abgegeben. Jetzt saß ich beim Arzt wegen meiner Probleme mit dem Rücken, die ich nicht erst seit gestern hatte, sondern schon jahrelang. Doch ich hatte sie entweder verdrängt oder bekämpft. Da ich noch die letzten drei Wochen bis zum

1. Dezember 2015 durchhalten wollte, holte ich mir wieder einmal Spritzen ab. Denn ich sah jetzt Licht und hätte bis März 2016 Ruhe. In dieser Zeit konnte ich mich wie jedes Jahr auskurieren, so dachte ich jedenfalls. Aber dieses Mal war alles anders, ich wollte eigentlich nicht wieder auf den Bau zurück. Ich hatte es satt, immer herumzukriechen und die verdammten Schmerzen zu bekämpfen. Da kam mir die Kündigung dieses Mal gerade recht. Ich war schon „Stammkunde", wenn es um die Spritzen ging. Der Arzt hatte wie die anderen Male zuvor direkt in den Schmerz hineingespritzt und nicht in die Wirbelsäule. „Soll ich Sie nicht krankschreiben, Herr Schäfer? Denn wie das blühende Leben sehen Sie nicht gerade aus." „Ich habe ja nur noch drei Wochen, Herr Doktor", erwiderte ich. „Und außerdem habe ich meinem Chef versprochen, die Baustelle abzuschließen. Wissen Sie was, Herr Doktor, ich habe mich das ganze Jahr mehr oder weniger durchgebissen, da werde ich doch die drei Wochen auch noch ‚überleben'." „Gut, das ist Ihre Entscheidung, Herr Schäfer." Ich wusste, er meinte es nur gut, aber ich hatte nun einmal zugesagt, die Baustelle zu beenden. Er hatte

mich auch schon jedes Mal zuvor gewarnt, dass ich einen Gang runterschalten sollte bei der Arbeit. Was natürlich leichter gesagt war als getan. Ich hatte mir gedacht, dass er zwar ein sehr guter Arzt war, dass stand außer Frage. Aber wie der Bau funktionierte, das konnte er nun wirklich nicht einschätzen. Hm, dachte ich, wie schaltet man auf dem Bau einen Gang runter? Hier wird heute nur noch unter Druck gearbeitet, um die Termine einzuhalten. Ohne Überstunden geht das gar nicht mehr. Da stellte ich mir vor, wie ich zum Chef gehen und ihm sagen würde, dass mein Arzt gesagt hatte, ich solle einen Gang runterschalten bei der Arbeit. Um meinen Rücken zu schonen. Ich schätze mal, mein Chef hätte mir geantwortet: „Natürlich, Klaus, machen wir, der Termin ist nicht so wichtig wie du. Und damit es dir auch gut geht, backe ich dir noch einen Pflaumenkuchen ohne Kerne." Also zum Chef zu gehen, würde keine Verbesserung bringen. Er hätte mir nur zwei Alternativen aufgezählt: Entweder ich suche mir eine neue Arbeit, um meinen Rücken zu schonen, oder ich ziehe weiter mit und habe noch einen Job. Nun dürfen Sie, als Leser, einmal raten, was man macht, wenn man schon 56

Jahre alt ist. Richtig, natürlich nichts, und so quälte ich mich weiter auf dem Bau herum. Die drei Wochen würde ich auch noch überleben, wegen der Aussicht auf Ruhe danach, die ich hatte ...

Ich konnte mir also überlegen, was ich dann machen wollte. Klar hätte ich im Frühjahr wieder anfangen können, das wäre kein Problem gewesen.

Das war und ist die gängige Praxis auf dem Bau. Aber ich wollte nicht mehr. Wenn ich nur daran denke, was ich mir alles zugemutet hatte in den letzten Jahren. Um ehrlich zu sein, länger hätte ich es auch nicht mehr ausgehalten. Denn die Schmerzen wurden immer stärker und hatten schon jetzt die Oberhand. Ich nahm Tabletten und ging im Monat zwei Mal nach Feierabend zum Spritzen. Damit ich am nächsten Tag wieder einsatzbereit war. Wenn ich wusste, dass ich am nächsten Tag schwere Arbeiten zu verrichten hatte, nahm ich gleich früh nach dem Aufstehen zwei Tabletten auf Verdacht und steckte mir noch welche in die Tasche als Reserve. Es war schon so weit, dass die Tabletten gar nicht mehr richtig wirkten. Die Warnsignale meines Köpers, hatte ich ignoriert. Ich ging mit Schmerzen ins Bett, und bei jeder Bewegung die machte, meldet sich mein Körper. Der Schmerz zog sich schon bist in die Beine. Gesunder Schlaf war etwas anderes. So stand ich früh unausgeschlafen und mit Schmerzen wieder auf. Meine Stimmung war dem entsprechend ganz unter. Viel Freude am Leben hatte ich nicht mehr. Die einzige Ablenkung, war die Arbeit. Da ich nicht mehr als zwei Spritzen im Monat bekam, musste ich dem Schmerz etwas entgegensetzen. Und wie bekämpft man einen Schmerz? Richtig: mit Gegenschmerz. Ich legte mich so ins Zeug, dass ich noch mehr Schmerzen bekam. Das war die blödeste Idee, die ich je hatte. Ein normaler Mensch würde sagen, wenn's nicht geht, dann geht es nicht. Das stimmt. Wenn ich ehrlich sein soll, habe ich das auch manchmal gedacht. Das, was ich da machte, war nicht normal. Vielleicht war ich ja auch nicht normal, wer weiß das schon. Ich war schon als Kind anders als die anderen Kinder. Also arbeitete ich weiter wie ein „Ochse", was nur noch mehr Schmerzen verursachte. 2015 war ich sogar drei Mal krankgeschrieben. Blöd, wie ich war, landeten die Krankenscheine nicht bei meinem Chef, wo sie hingehört hätten, sondern im Handschuhfach meines Baufahrzeuges. Ja, ich weiß, was Sie jetzt denken, selbst schuld. Stimmt ja auch, aber ich war nun einmal bei einem Kleinunternehmen angestellt, wo jeder Tag zählte und die Termine eingehalten werden mussten. Da ich auch noch der einzige Angestellte war, hätte das fatale Folgen wie eine Vertragsstrafe gehabt. Und der Chef hätte seinen Betrieb vielleicht aufgeben müssen wegen Insolvenz. Dass ich keinen Dank bekomme, wusste ich auch. Ich bin nun einmal so, ich helfe anderen, wo ich nur kann, nur mir selbst kann ich nicht helfen. Das war traurig, aber wahr. Wie gesagt, dieses Mal war ich froh, dass ich die Kündigung bekommen hatte. Ich hatte die Schnauze voll vom Bau, das schwere Heben und Tragen und das Herumkriechen mit den schweren Maschinen in den unmöglichsten Stellungen. Aber was sollte ich tun, etwas anderes hatte ich nicht gelernt. Wer weiß, was geschehen wäre, wenn der Chef mir nicht gekündigt hätte? Meine drei letzten Wochen, die ich noch zu arbeiten hatte, waren nun auch vorbei und ich hatte wie versprochen die Baustelle beendet. Gott sei Dank, dachte ich, endlich Ruhe und ich kann mich schön auskurieren. Doch leider machte ich diese Rechnung ohne das Arbeitsamt. Ich hatte mich, wie schon erwähnt, drei Wochen vorher arbeitslos gemeldet. Am 30. November 2015 erhielt ich Post vom Arbeitsamt. Ich solle mich am 2. Dezember 2015 auf dem Amt melden. Bestimmt nur, um etwas abzugleichen, dachte ich, da auf meiner Kündigung stand, dass ich im März wiedereingestellt würde. Das Arbeitsamt hatte eine „gute" Nachricht für mich, ich durfte am 4. Dezember 2015 schon wieder arbeiten, eine Umzugsfirma suchte Hilfskräfte. Das waren wetterunabhängige Arbeiten. Meine Betreuerin gab mir die Adresse, wo ich mich zu melden hatte. „Schön", dachte ich, „wieder alles richtig gemacht." „Wissen Sie, Frau Weis, ich mache mir seit 1977 das Kreuz krumm auf dem Bau. Wenn ich in Gera auf einer Baustelle genau vor dem Supermarkt war, konnte ich sehen, wie junge Kerle gegen 10 Uhr ihr ,Frühstück' einnahmen mit einer Flasche Bier in der Hand. Und wie oft habe ich mich geärgert, dass ich für solche Leute mitarbeiten musste. Ich schere jetzt nicht alle über einen Kamm, das möchte ich gleich klarstellen. Warum nehmen Sie nicht solche Leute in die Pflicht?" Die junge Frau antwortete: „Sie sind gerade zwei Tage arbeitslos und können sofort einsteigen. Sie wissen, wo es langgeht. Die jungen Kerle, die Sie gesehen haben, haben wir schon abgeschrieben." Ich dachte, mich tritt ein Pferd, mit dieser Antwort habe ich nicht gerechnet. Na gut, dachte ich weiter, und fuhr noch am selben Tag zu der „Umzugsbude", um mich davorzustellen. Obwohl mir das nicht in dem Kram passte. Warum gehst du nicht zum Arzt und lässt dich krankschreiben? dachte ich mir so. Aber nein, ich musste mit aller Gewalt dorthin. Ich hatte noch eine Ehre im Leib. Denn ich wollte nicht so dastehen wie die jungen Kerle vor dem Supermarkt. Um zum Schluss würde ich selbst wie ein Asozialer wirken. Selbst, wenn ich dort eingestellt würde, was wäre mit den Schmerzen? Das war die Frage. Und wenn ich ehrlich sein soll, hatte ich doch gehofft, dass es nichts wird mit der Anstellung. Aber ich musste mich erst einmal dort melden wegen der Unterschrift. Damit hatte ich dann einen Nachweis, dass ich hier gewesen war. Ich fuhr beim Arbeitgeber auf den Hof. Er war leer, nur eine Person lief gerade vom Lager

zum Büro. Als der Mann mich sah, wie ich aus dem Auto
herauskroch, fragte er mich, was ich hier wolle. Ich sah ihn
an und sagte ihm, dass mich das Arbeitsamt geschickt
habe, weil sie hier noch Leute brauchten. Ich glaube, er
musste die Aussage erst einmal verdauen und es verschlug
ihm die Sprache. Aber dann wurde er sehr laut: „Sind die
denn auf dem Arbeitsamt alle total verblödet? Schicken mir
Leute, die schon halb tot sind. Die wissen doch, dass ich
welche brauche, die anpacken können. Das hat jetzt nichts
mit Ihnen zu tun. Und es ist auch nicht persönlich
gemeint", sagte er zu mir. „Geben Sie mir den Zettel, ich
unterschreibe ihn. Dann haben Sie den Nachweis, dass Sie
hier waren. Ich werde aber noch auf dem Amt anrufen.
Und sorry, ich kann Sie nicht gebrauchen, so wie Sie
herumkriechen." „Gott sei Dank", dachte ich, „es hat nicht
geklappt." Da ich jetzt auch die Schnauze voll hatte, wie Sie
sich denken können, bin ich sofort zu meinem Arzt
gefahren. Ich musste etwas länger warten, bis ich an der
Reihe war. Ich berichtete, was das Arbeitsamt vorhatte.
„Nein, das geht nicht", sagte er zu mir, „ich schreibe Sie
erst einmal krank, das kann ich hundertprozentig

vertreten. Sollten die Herrschaften etwas sagen wegen der Krankschreibung, so kann mich der medizinische Dienst vom Arbeitsamt anrufen. Und wissen Sie, was wir noch machen?" Ich fragte: „Was?" „Wir stellen jetzt einen Antrag für eine Kur. Wann hatten Sie denn die letzte, 2000? Auch wegen Rückenschmerzen. Na, das passt ja … Ich stelle Ihnen jetzt eine Überweisung zum Facharzt für Orthopädie aus." Gesagt, getan. Aufgrund dessen musste ich in die Röhre und wurde geröntgt. Kurz und gut, ich wurde von allen Seiten durchleuchtet. Der Tag der Auswertung kam und mir wurde Folgendes mitgeteilt: Erst die gute Nachricht, ich hatte keinen Bandscheibenvorfall. „Kommen wir zur schlechten Nachricht", sagte der Arzt, „Ihre Wirbelsäule ist im unteren Lendenbereich, sprich der Lendenwirbelsäule, für Ihr Alter schon dermaßen abgenutzt, dass eine Operation keine große Verbesserung bringen würde. Das Problem werden wir nur mit Spritzen, die direkt in die Wirbelsäule gehen, etwas beheben können, um den Schmerz zu mindern." Ich sollte nicht verwechseln, dass die Spritzen, die ich bekommen würde, die Bandscheiben nicht wieder auffüllen würden, sondern dass nur der Schmerz bekämpft werde, indem man die Nerven betäube. „Das weiß ich, Herr Wasser." Denn diese Spritzen hatte ich voriges Jahr im Mai auch bekommen. Nebenbei erzählte ich ihm, dass die Kur genehmigt worden war. Was zu seiner und meiner Überraschung doch recht schnell ging. Im Dezember war der Antrag eingereicht worden und Anfang Januar kam die Bestätigung. Die Kur sollte am 3. März 2016 begingen. „Gut", sagte er, „warten wir die Kur ab und sehen wir dann weiter. Bis dahin sind Sie weiterhin krankgeschrieben." Also wartete ich, bis die Zeit gekommen war, um die Kur anzutreten. Als es so weit war, fuhr ich nach Bad Kösen zur Kur. Die Unterkunft war in Ordnung, ich hatte einen schönen Ausblick auf den Wald. Auch das Essen war sehr abwechslungsreich. Ich fühlte mich hier sehr wohl. Der Facharzt sah sich beim ersten Gespräch die Befunde an und untersuchte mich. Darauf aufbauend wurde mein persönlicher Kurplan erstellt. Tagsüber war ein strenges Programm abzuarbeiten. Es begann jeden Morgen um 8 Uhr und endete erst am späten Nachmittag. Anschließend konnten wir unsere Freizeit genießen. Ich bin ein Mensch, dem es schwerfällt, Kontakt zu anderen Menschen aufzubauen, weshalb ich meine Freizeit dort allein verbrachte. Ich hatte viel Zeit, um nicht zu sagen, zu viel Zeit … Seit 1984 hatte ich diese Rückenprobleme, bis zum heutigen Tag. Gerade am Wochenende begann ich nachzudenken: „Wenn die Kur zu Ende geht, was dann? Hole ich mir dann meine Spritzen ab und gehe wieder auf den Bau?" Nee, das wollte ich mir nicht mehr antun. Die Spritzen wurden verteilt auf vier Wochen und würden für eine gewisse Zeit, vorausgesetzt, ich schaltete auf der Arbeit einen Gang runter, so ungefähr ein Dreivierteljahr halten. Beim letzten Mal, als ich die Spritzen bekam, im Mai 2014, hatte die Wirkung zwei oder drei Monate angehalten, dann musste ich wieder auf Tabletten umsteigen. Der Grund dafür ist einfach zu erklären: Ich machte genauso weiter, wie ich aufgehört hatte. Ich arbeitete wie ein Ochse. Ich hatte nicht vergessen, was 1994 passiert war, als nichts mehr ging. Ich hatte einen Sack Fertigbeton, der 40 Kilogramm wog, getragen. Nach fünf Metern klappte ich zusammen wie ein Schweizer Taschenmesser. Ich hatte mich so dermaßen verhoben, dass ich nur noch sterben wollte. Solche Schmerzen hatte ich bis dahin noch nicht gekannt. Meine Kollegen wollten mich wieder auf die Beine stellen, was aber nicht richtig klappte. So ging ich mit zwei Besen, die ich zum Abstützen nahm, zum Bauwagen. Ich sollte mich erst einmal erholen und dann nach Hause fahren und einen Arzt aufsuchen. Was ich natürlich machte. Ich bekam eine Spritze und der Arzt verschrieb mir Tabletten. Krankschreiben ließ ich mich nicht, denn es war Freitag und am Wochenende konnte ich mich ja auskurieren. Dann wäre ich am Montag wieder einigermaßen fit. Aber zurück zur Kur.

Das erste Mal beim Psychologen

Zum Behandlungsplan, den ich hatte, gehörten Gymnastikübungen am Boden sowie im Wasser, Wanderungen im Wald, Nordic Walking, Vorlesungen sowie Sport in der „Muckibude", einer Art Trainingsraum. Jeder hatte seinen eigenen Trainingsplan, konkret auf sich zugeschnitten. Zu meinem Plan gehörte, im Sitzen Gewichte zu bewegen. So trainierte ich den Muskelaufbau des gesamten Körpers durch gezielte, aufeinander abgestimmte Übungen. Dann war da noch das Laufband, ich musste Rad fahren und Übungen auf der Bodenmatte machen. Ein sehr straffes Programm. „Da hätte ich auch weiter arbeiten gehen können bei diesem Plan", dachte ich mir. Die „Muckibude" hatte ich in der Woche zwei Mal, jeweils 45 Minuten. In den vier Wochen, die ich dort war, wurde ich zwei Mal außer Gefecht gesetzt. Ich war an den Gewichten zugange. Das Gewicht, das ich zu drücken beziehungsweise zu ziehen hatte, lag bei 25 Kilogramm. Beim Ziehen hatte ich gleich wieder Schmerzen, also machte ich das, was auch auf der Arbeit funktionierte. „Das müsste auch hier funktionieren", dachte ich mir und legte noch einmal 15 Kilogramm nach. Ich wollte wieder einmal Schmerz mit Schmerz bekämpfen, was natürlich zu meiner großen Überraschung überhaupt nicht klappte. Und da krachte es wieder und ich lag auf dem Boden, mich vor Schmerzen windend. Nur gut, dachte ich, dass hier gleich Ärzte waren, die mir eine Spritze verpassen konnten. Und wie gesagt, ich wiederholte das Spielchen zwei Mal in vier Wochen. Das brachte mir etwas Ärger mit den Ärzten ein. Denn sie konnten nicht verstehen, dass ich den Schmerz mit Schmerz bekämpfte. Was sagte da der Herr Oberarzt zu mir: „Dümmer geht es wohl nicht!" Und dann wurden diese Vorfälle in die Entlassungspapiere mit eingetragen. Ich saß wieder auf meinem Zimmer und dachte nach: „Willst du dich bis zum Schluss kaputtmachen?" Jetzt hatte ich zum ersten Mal Angst, dass sie mich wieder auf den Bau schicken würden. Aber was sollte ich machen? Jetzt war Schluss damit. Ich vertiefte mich immer mehr in Gedanken zu mir selbst. Vielleicht sollte ich das „Licht" ausmachen. Aber wie, das musste gut durchdacht sein, und es durfte nicht unvorbereitet geschehen. Mir wurde schon komisch zumute, wenn ich nur daran dachte. Und der Gedanke selbst fraß sich in meinen Kopf immer tiefer ein. Je mehr Schmerzen ich hatte bei meinem Trainingsplan, desto mehr verfestigte sich der Entschluss, es zu tun. Diesen Entschluss hatte ich schon einmal gehabt. 1998, aber dazu komme ich später noch. Was sollte mir jetzt noch passieren, ich hatte ja einen Plan, die letzte Hilfe sozusagen. Eigentlich sah ich ein, dass ich jetzt Hilfe brauchte, aber so richtig wollte ich gar keine, denn ich hatte ja meinen eigenen Hilfsplan. Sollte ich mir Hilfe holen bei der „Psychotante", die hier im Haus tätig war? Und wenn ja, was sollte ich ihr erzählen? Also schob ich dieses Thema erst einmal vor mir her. Ich stand bestimmt bei der „Psychotante" drei oder vier Mal vor der Tür und habe dann doch nicht angeklopft. Vielleicht aus Angst und weil ich nicht wusste, was mir da bevorstand. Beim fünften Versuch hatte ich dann doch geklopft. Aber wie würde sie reagieren? Würde sie denken, ich sei verblödet? Ich klopfte an ihrer Tür und sie bat mich herein. „Wie kann ich Ihnen helfen?", fragte eine sehr schlanke blonde (die ich so um die 30 schätzte) junge Frau. „Guten Tag, ich bin Frau Sommer, Sie sind der Herr …?" „Schäfer", gab ich zur Antwort. Sie überlegte, sah mich an und sagte: „Sie sind doch nicht der Herr Schäfer, der hier den ‚Terminator' spielt?" Prima, dachte ich, hier wusste jeder alles. „Doch, der bin ich." „Und warum machen Sie so einen Blödsinn?" „Weil ich das schon immer mache, ich bekämpfe Schmerz mit Gegenschmerz." „Und das hilft Ihnen?" „Na sagen wir mal so, wenn ich merke, dass die Schmerzen wieder losgehen, lege ich mich so ins Zeug, dass ich andere Schmerzen habe und dadurch die vorherigen nicht mehr wahrnehme." „Und wie lange wollen Sie das noch so weitermachen? Bis gar nichts mehr geht oder was?" „Wissen Sie, Frau Sommer, wenn Schluss ist, dann ist Schluss, ich sehe das nicht so eng." Da wurde sie aufmerksam. „Frau Sommer, wenn Sie jetzt zu mir sagen würden, ich habe hier eine Spritze und ich muss Sie einschläfern, dann wäre ich Ihnen noch dankbar dafür." Sie wusste sofort, was Sache war. „Frau Sommer, ich bin seit 1977 auf dem Bau tätig. Das Kreuz ist kaputt, eine Operation lohnt sich nicht, da kein Bandscheibenvorfall vorliegt, sondern nur eine sehr starke Abnutzung der Bandscheiben. Wissen Sie, auf der einen Seite will und kann ich nicht mehr und auf der anderen Seite muss ich noch. Und ich schätze mal, eine Umschulung in meinem Alter bezahlt keiner mehr." „Das glaube ich auch", war ihr Kommentar. „Was haben Sie nun vor?", fragte sie. „Ich bin schon dabei, mir einen Plan zu machen, wie ich bei mir das ‚Licht' ausmache." „Seit wann haben Sie diesen Gedanken?" „Na, sagen wir mal, seit drei Wochen." „Und dann kommen Sie in den letzten Tagen Ihrer Kur zu mir!" Sie war etwas aufgebracht, so schien es mir jedenfalls. „Sorry, aber ich habe etliche Anläufe gebraucht, um überhaupt bei Ihnen anzuklopfen." „Na ja, viel kann ich jetzt nicht mehr machen mit Ihnen, aber ich werde Ihren Hausarzt informieren, wenn ich die Entlassungspapiere ausstelle. Sie versprechen mir, dass Sie sich hier nichts antun werden." „Versprochen, ehrlich." Als ich hinausging, ärgerte ich mich, dass ich überhaupt zu ihr gegangen war. Ich bekam in den letzten Tagen noch drei Mal Gruppentherapie. Damit konnte ich im Grunde nichts anfangen. Am letzten Tag meiner Kur holte ich die Papiere ab, zum Frühstück ließ ich mich schon gar nicht mehr sehen. Es ging mir auf die Nerven, wenn alle sich „Auf Wiedersehen" sagten, Küsschen hier und Küsschen dort: „Gib mir deine Handynummer, ich rufe dich an." Als wenn sie keine anderen Probleme hätten. Zu Hause angekommen, las ich mir erst einmal meine Entlassungspapiere durch. Herr Schäfer war im Zeitraum XY zur Kur und wird als voll arbeitsfähig entlassen. Mehr als drei Stunden Arbeit pro Tag sind Herrn Schäfer in seinem Beruf nicht zuzumuten. „Hä, was?" Des Weiteren muss sich Herr Schäfer in stationäre Behandlung begeben, da er suizidgefährdet ist. Deshalb ist Herrn Schäfer auch nicht zuzumuten, in Nachtschichten zu arbeiten. Durch die Tatsache, dass man mich als arbeitsfähig eingestuft hatte, fühlte ich mich total in die Enge getrieben. Denn das bedeutete, dass ihnen meine Schmerzen egal waren und dass ich arbeiten konnte. Ich hatte alles versucht, sogar eine Umschulung zum Bürokaufmann gemacht, aber in der Branche einfach keine Arbeit gefunden. Dadurch wurde ich als Betrüger und Lügner abgestempelt, mit diesem Reha Bericht. Nun war mein Verlangen, das „Licht" bei mir auszumachen, noch stärker geworden. Denn ich sah in dem Bericht eine Bestätigung meines Denkens, dass ich nichts wert bin. Mein Hausarzt las den Bericht und schüttelte nur den Kopf. Er schrieb mich weiter krank und sagte, ich solle mir unbedingt psychologische Hilfe suchen. Das versprach ich ihm. Also telefonierte ich herum oder wurde selbst vorstellig, um mir Hilfe zu holen. Keine Chance, ich hätte nicht gedacht, dass man einen Termin erst nach vier oder noch mehr Monaten bekommt. „Aha", dachte ich, „da bist du nicht der einzige ‚Bekloppte' in Deutschland." Und ich war froh, keinen Termin zu bekommen; nach dem Reinfall bei der „Psychotante" in der Kur. Ich wurde nicht fündig und bekam einen Termin in sechs Monaten. Wenn es so ist, dann ist es ebenso. Als ich unverhofft einen Rückruf bekam, war eine Frau am anderen Ende der Leitung: „Sie haben bei uns angerufen?" „Ja", sagte ich, „vor zwei Tagen." „Und wie schlimm ist es denn bei Ihnen?" „Na ja, es ist schon hart an der Grenze." „Gut, dann kommen Sie um 9 Uhr am Mittwoch zur Sprechstunde." Es war genau diese Adresse und dieses Haus, vor dem ich drei Mal gestanden war und nicht geklingelt hatte. Meine Versuche, mich dort zu melden, hatte ich immer abgebrochen. Um mein Gewissen zu erleichtern, rief ich an und sprach auf den Anrufbeantworter. In der Hoffnung, dass ich auch hier nicht sofort einen Termin bekommen würde. Denn ich wusste, dass es Monate dauern würde, bis ein Termin frei wäre. Auf diese Weise würde sich hier auch nichts ändern.

Ein ungewollter Weg

Ich bekam also einen Termin schneller, als es mir recht war. Nun musste ich doch in den sauren Apfel beißen … Also ging ich am Mittwoch um 9 Uhr zu meinem Termin. Nicht wissend, was da auf mich zukam. Ich klingelte und die Haustür wurde geöffnet. Eine junge Frau stand darin, circa 1,55 Meter groß und Ende 40, höchstens aber 55 Jahre alt, so schätzte ich. Sie hatte blondes Haar und von der Figur her war sie weder zu schlank noch zu dick. Kurz und gut, eine sehr attraktive und sympathische Frau. „Guten Tag, mein Name ist Baumann, und Sie sind der Herr Schäfer, richtig?" „Ja", gab ich zurück. Sie hatte eine sehr sympathische Stimme und auch die Chemie schien zu stimmen zwischen uns. Wer mir nicht gleich in den ersten Minuten sympathisch war, der hatte es nicht leicht mit mir. Dann hatte ich Probleme, überhaupt mit diesem Menschen zu kommunizieren. Was sie von mir dachte, wusste ich nicht, aber ich würde mit ihr zurechtkommen. Das war schon einmal ein guter Anfang für mich. „Ich möchte Sie bitten, dass Sie hier noch einen Moment Platz nehmen und warten." Also setzte ich mich ins Wartezimmer, das eine Küche war. Zwei Minuten später holte sie mich in ihr Büro. „Wie kann ich Ihnen helfen, Herr Schäfer?" „Na ja, ich würde sagen, Sie lesen sich meine Entlassungspapiere aus der Kur durch, die vor sechs Tagen zu Ende ging." Das machte sie auch. Beim Lesen schüttelte sie ab und zu den Kopf. „Es ist etwas undurchsichtig und sehr widersprüchlich geschrieben." „Ja, so könnte man sagen, Frau Baumann." Wir kamen sehr zögerlich ins Gespräch. Sie merkte, dass ich blockierte und ich sprach nur das Nötigste. Sie dachte bestimmt, mit dem Mann hast du viel Arbeit. Kurzum, bei der ersten Sitzung kam nichts Besonderes heraus. Ich fühlte mich bei ihr eigentlich sehr wohl, das muss ich im Nachhinein doch sagen. Jedenfalls wurde ich von Sitzung zu Sitzung etwas gesprächiger und erzählte, warum und wieso ich mir das Leben nehmen wollte. So berichtete ich ihr, wie alles gekommen war und dass ich mich nicht mehr herumquälen wollte. Die Kinder waren aus dem Haus und meine Frau würde es überleben. „Weiß Ihre Frau, dass Sie hier sind?" „Ja, aber für sie bin ich zur ‚Schmerztherapie' hier." „Also weiß Ihre Frau nichts davon, dass Sie sich das Leben nehmen wollen?" „Genauso ist es", erwiderte ich. Jedenfalls wurden unsere Sitzungen immer besser, ich erzählte immer mehr von mir, bis sie mich nach meiner Kindheit fragte. Hatte ich da noch Erinnerungen? Wohl kaum, und wenn ja, nur schlechte. Ich erzählte ihr, was ich noch wusste, und musste feststellen, dass ich mich, je mehr ich ihr erzählte, umso besser erinnern konnte. Wahnsinn, oder? Ich weiß nicht, wann, ich hatte wieder eine Sitzung bei ihr und wir unterhielten uns über meine Kindheit. Die war wohl der Auslöser dafür, dass ich mir das Leben nehmen wollte. Was ich aber sofort abblockte. Denn die Kindheit war schon Jahre her, was sollte sie mit meinem jetzigen Leben zu tun haben. Die Kindheit konnte nicht immer als Schutzschild herhalten. Das regte mich schon auf. Wenn ein Kinderschänder vor Gericht stand und angab, dass er eine schlechte Kindheit gehabt habe. Also wirklich. Die Sache mit der Kindheit sah ich nicht ein. Aber die Therapeutin ließ nicht locker und bohrte so lange weiter, bis ich über meine Kindheit, ein wenig mit Scham, sprach. An alles konnte ich mich nicht erinnern.

Die Kindheit

Ich glaube, ich war im fünften oder im sechsten Lebensjahr,
so genau kann ich das nicht sagen. Ich spielte auf dem Hof
mit meinem alten Roller. Mutter war in der Waschküche
und mein Vater hatte gerade ein Huhn geköpft, für den
Sonntagsbraten. Meine anderen Geschwister, noch vier an
der Zahl, trieben sich irgendwo herum. Ich war der Jüngste
in der Familie. Ich war das einzige Kind meines Vaters. Für
die anderen war er der Stiefvater. Mutter hatte ihren ersten
Mann verloren und war nach zwei Jahren eine neue
Beziehung eingegangen. Wir hatten auch noch Enten, wie
viele es waren, weiß ich nicht mehr, es ist zu lange her.
Unser Nachbar war bösartig, er lebte dort mit seinen zwei
Schwestern zusammen. Obwohl ich sagen muss, dass nicht
er, sondern eine von seinen Schwestern bösartig war. Denn
ihn und seine andere Schwester grüßten wir immer. Die
bösartige Schwester nannten wir immer „Hexe", weil sie
aussah wie eine Hexe. Sie hätte bestimmt in Märchenfilmen
eine Hauptrolle bekommen, als Hexe. Jedenfalls fanden
einige unserer jungen Enten einen Weg durch den Zaun,

um sich dann bei der „Hexe" über den Salat herzumachen. Von uns hatte es keiner gemerkt, bis dann ein Geschrei einsetzte. Die „Hexe" hatte die Enten gefunden, in ihrem Salat. „Eure Drecksenten fressen meinen Salat auf. Könnt ihr auf das Viehzeug nicht aufpassen", schrie sie meine Mutter an. „Die fressen zum letzten Mal meinen Salat", schrie sie weiter. Und bevor sie die Enten über den Zaun warf, drehte die „Hexe" jeder Ente den Hals um. Da war sie zufrieden und ging wieder ins Haus. Was dann aus der Sache wurde, weiß ich nicht mehr. Jedenfalls hatte mein Vater die Enten wieder ersetzt. Wer diese bezahlt hatte, keine Ahnung. Den Vorfall habe ich bis heute nicht vergessen. Warum auch immer … Es kam der nächste Sonntag, das herrlichste Wetter, Sonnenschein. Nach dem Frühstück zog meine Mutter mir neue Sachen an, warum wusste ich nicht. Sowohl Vater als auch die Mutter waren im besten Stoff gekleidet. Dann nahmen mich meine Mutter und mein Vater bei der Hand und wir gingen zum Bahnhof. Ich wusste immer noch nicht, was vor sich ging. Dann fuhr eine große, rauchende Dampflok in den Bahnhof ein. Sie war so groß, dass ich nur staunen konnte. Der Zug stand und wir stiegen in den Personenwagen ein, zu meiner großen Freude. Aber ich wusste noch nicht, wo die Reise hinging. Der Zug fuhr an und hinterließ eine große schwarze Rauchfahne. Ich kam aus dem Staunen gar nicht mehr heraus. Wie lange wir fuhren, kann ich nicht sagen. Doch die Endstation war ein riesengroßer Bahnhof. So etwas hatte ich noch nie gesehen. Dass ich in Leipzig war, wusste ich nicht. Mutter und Vater nahmen mich wieder bei der Hand und wir gingen los. „Wohin gehen wir, Vati?", fragte ich und er sagte: „Das wirst du schon sehen, mein Junge." Wir liefen nicht lange, dann standen wir vor einem großen Tor, und ich hörte Tiergeräusche. Da wusste ich, dass wir in den Zoo gehen. Vater bezahlte und los ging es. Ich weiß noch, mein kleines Kinderherz hüpfte auf und ab vor Freude. Wir waren den ganzen Tag im Zoo, aßen Eis. Zum Mittag gab es eine Bockwurst und eine Brause. Und ich sah mir den ganzen Tag viele Tiere an und war begeistert. Gegen Abend fuhren wir nach Hause. Ich schlief im Zug ein und wachte am nächsten Morgen in meinem Bett auf. Ich weiß nicht einmal, warum ich mich an diesen Tag so erinnern kann, aber vielleicht war das einer der schönsten Tage, die ich als Kind hatte. Denn an andere schöne Tage in meiner Kindheit kann ich mich nicht erinnern. Es war das Jahr der Einschulung. Was ich nicht vergessen konnte, war, dass ich im Alter von sieben Jahren meinen Vater verloren hatte. Er lag seit einem halben Jahr im Krankenhaus wegen Leberkrebs. Also sah ich meinen Vater das letzte Mal vor einem halben Jahr und nun gar nicht mehr. Denn Kinder unter zehn Jahren durften nicht ins Krankenhaus.

Als der Tag kam, an dem mein Vater starb, hatte meine Mutter meinen Vater das letzte Mal im Krankenhaus besucht. Sie kam nach Hause und sagte uns Kindern, dass der Vater verstorben sei. Ich weinte nicht, da ich nicht verstand, was wirklich passiert war. Obwohl er nicht der leibliche Vater von Karin, Inge, Helga und Herbert war, konnte ich nicht verstehen, warum meine älteren Geschwister anfingen zu weinen oder zu versuchen, die Tränen zu unterdrücken, was natürlich nicht gelang. Außer Karin, sie hatte immer Probleme mit ihrem Stiefvater gehabt. Er hatte sie eine „Lebedame" genannt. Ein Mädel, das sich nur herumtrieb mit irgendwelchen Kerlen und anderen „Lebedamen". Was man dann auch sah. Mit 17 Jahren bekam sie Kind, natürlich ohne Vater. Der Junge, den sie auf die Welt holte, hieß Sven. Durch den Tod meines Vaters sollte sich mein Leben komplett ändern. Doch davon hatte ich noch keine Ahnung … Die Mutter hatte nun fünf Mäuler zu stopfen, mein Vater hatte nicht viel Geld hinterlassen. Eigentlich waren es nur noch drei Mäuler, denn die anderen zwei hatten nun ihr eigenes Leben. Helga und Herbert zogen aus. Was Karin betrifft, so werden Sie noch von ihr lesen … Das Geld reichte für die Beerdigung und die Trauerfeier am Kaffeetisch.

Der Rest war schnell verbraucht. Jetzt merkte die Mutter, dass der zweite Lohn im Hause fehlte. Sie ging arbeiten von 6 Uhr früh bis spät am Abend, meistens bis um 18 oder 19 Uhr und Samstag bis 12 Uhr. Und das, was sie verdiente, war nicht die Welt, wie mir später einmal Helga erzählte. Es waren 525 Ostmark, die sie bekam bei der LPG (Landwirtschaftliche Produktionsgenossenschaft), mit Überstunden. Jene Überstunden, die sie nicht zu machen brauchte, als der Vater noch ein Mitverdiener war. Mutter hatte natürlich wenig Zeit für die Kinder, vor allem für mich. Denn die älteren Kinder gingen zu Freunden oder konnten sich allein beschäftigen. An neue Sachen war da nicht zu denken. Ich musste fast immer gebrauchte Sachen anziehen, die die Mutter von anderen Leuten bekommen hatte. Und Spielzeug? Ich musste mit dem spielen, was ich hatte, und das war nicht viel. Ich hatte zu Weihnachten mit sechs Jahren von meinem Vater eine Eisenbahnplatte bekommen. Die Freude war riesengroß, es war eine Eisenbahn, die noch mit Batterie fuhr. Eines Tages spielte ich mit meiner Eisenbahn alleine, drückte (wie immer) den Hebel der Dampflok auf Fahrt und los ging es. Die Lok fuhr zwei, drei Runden und bei der letzten Runde sprang sie aus dem Gleis und fiel auf den Boden. Und natürlich war die Lok nicht mehr zu gebrauchen. Am Abend, als mein Vater nach Hause kam, sagte ich, was passiert war. Mein Vater war sehr verärgert und sagte, es sei sinnlos, mir etwas zu schenken. Und keiner glaubte mir, dass die Lok von alleine aus den Schienen gesprungen war. Von da an nahm ich mir vor, mit keinem zu sprechen, wenn ich Probleme hatte …

Die Zuckertüte

Wie gesagt, es war das Jahr meiner Einschulung. Mein
Vater war vor sechs Monaten verstorben. Ich freute mich
vor allem auf die Zuckertüte, von der ich schon lange
geträumt hatte.

Ich hatte sogar von meiner Mutter neue Kleidung
bekommen, die sie günstig im Laden erworben hatte. Der
Tag der Einschulung war gekommen. Ich hatte kaum
geschlafen in der Nacht zuvor, vor lauter Aufregung. Früh
am nächsten Tag war ich der Erste, der aus dem Bett
sprang. Frisch gebadet und fein angezogen, ging ich mit
Mutter und meiner großen Schwester Karin, die einen
Kinderwagen schob, in dem der kleine Sven lag, zur
Schule. Ich war nun schon Svens Onkel. Der Ablauf war bei
jeder Einschulung immer der gleiche. Alle neuen Schüler
wurden begrüßt bei einem Appell, der gegen 9 Uhr anfing.
Den neuen Schülern wurde erzählt, wie schön der
Sozialismus doch sei und dass dieser siegen würde. Na ja
und bla, bla, bla ... Keiner der Abc-Schützen wusste, wovon
da die Rede war. Der Direktor dachte wohl, er hätte seine

alten Kampfgenossen vor sich. Das Einzige, was den Abc-Schützen interessierte, war die Zuckertüte. Als der Appell zu Ende war, kamen die Lehrer und holten ihre neuen Schüler vom Schulhof ab. Sie führten sie in die Klassenzimmer. Auf den Schulbänken standen Namen, dort, wo jeder zu sitzen hatte. Hier wurden auch die Zuckertüten platziert. Ich hob meine Zuckertüte an, die ich kaum tragen konnte und sah den anderen Kindern dabei zu, wie sie ihre Zuckertüten hielten. Vor allem, mit welcher Leichtigkeit sie die Schultüten tragen konnten. Ich dachte, wenn meine so schwer war und die von den anderen so leicht waren, dann musste ich etwas Besonderes bekommen haben. Die Lehrerin stellte sich den Kindern vor: „Ich bin Fräulein Heisch und ich hoffe, dass wir gut zusammen lernen werden." (Damals wurden ledige Frauen mit Fräulein angeredet.) Wir Kinder wurden mit den Zuckertüten auf den Schulhof geführt, um ein Klassenfoto zu machen. Damit war der offizielle Teil der Feier zu Ende und wir durften wieder in die Klassenzimmer, um die Zuckertüte zu öffnen. Ich sah, was andere Kinder auspackten: Autos, Spiele oder Indianer und vieles mehr, neben großen Mengen von Süßigkeiten. Ich konnte es kaum erwarten, die Tüte zu öffnen, doch dann kam die Mutter und sagte zu mir, dass ich die Tüte zu Hause aufmachen solle, damit wir nicht so viele Sachen einzeln nach Hause tragen müssten. Etwas enttäuscht, aber doch auch einsichtig, stimmte ich zu, ging mit der Mutter, Schwester Karin und dem kleinen Neffen Sven nach Hause. Zu Hause angekommen, öffnete ich sofort meine Tüte. Oben lag eine Schlagersüßtafel, eine Tüte Bonbon, Gummibären und Lakritze fein säuberlich auf einem Tuch. Man könnte denken, das Tuch sollte noch mehr Spannung ins Spiel bringen. Ich nahm es weg, schaute mit Vorfreude in die Tüte. Nun wusste ich, warum sie so schwer war. Enttäuscht sah ich nur Äpfel, Äpfel, soweit das Auge reichte. Ich drehte die Tüte um, sodass alles herausfiel. Enttäuscht sah ich in die leere Tüte. Wirklich leer war sie aber gar nicht. Denn das erste Viertel war mit Papier ausgestopft. Mehr als ein Viertel war mit Äpfeln und nicht einmal ein Viertel war mit Süßigkeiten gefüllt. Als ich meine Mutter darauf ansprach, sagte sie, wir hätten nicht so viel Geld wie andere Eltern. Und sie müsse ja alleine die

Kinder durchbringen. Ich verstand diese Aussage zwar noch nicht, wusste aber jetzt, dass ich aus einer armen Familie kam. Doch für eine Feier war Geld vorhanden, denn meine Mutter hatte zum Nachmittag Bekannte zur Einschulung eingeladen, zum Feiern. Ich bekam von den Gästen eine Schokolade, Buntstifte und Zeichenhefte. Meiner Mutter sagte ich, dass ich spielen gehen würde. Und keiner, weder die Gäste noch die Familie, versuchte mir das auszureden, obwohl es eigentlich mein Ehrentag war ... Es war mir klar, dass ich nur stören würde. Deshalb zog ich meine Spielsachen an und nahm unseren Hund mit. Er war ein Terrier und hieß Struppi. Also ging ich an einen in der Nähe liegenden Teich, um Steine zu werfen. An den Teich, an dem ich schon immer alleine gespielt hatte. Als es dunkel wurde, ging ich wieder nach Hause, wo die Feier noch im Gange war. Meine Mutter wusch mich und steckte mich in den Schlafanzug. Ich bekam noch Abendbrot von ihr. Da sagte sie mir nebenbei, dass sie und die Gäste noch ausgehen würden. Was sie auch taten.

Zu Hause waren wir nun noch zu viert, meine Mutter und meine Schwester Inge, die in die achte Klasse ging. Dann war da noch Sven, den die Mutter mit durchbringen musste, weil Karin zwei Tage nach meiner Einschulung wegen asozialem Verhalten eingesperrt worden war, da sie keine Lust zum Arbeiten hatte. Das stand in der DDR unter Strafe. Ich ging in die erste Klasse und versuchte, es den Lehrern recht zu machen. Nach der Schule besuchte ich, wie so viele Kinder, den Hort bis 16 Uhr. Ich hatte eine warme Mahlzeit und wurde bei den Hausaufgaben kontrolliert. Ab und zu benötigte ich Nachhilfe, wenn ich etwas nicht verstanden hatte. Ich wunderte mich nur darüber, dass die Erzieherin wusste, wo es bei mir klemmte. Denn ich bat nicht mehr um Hilfe seit dem Vorfall mit meiner Eisenbahn. So hatte ich ein geregeltes Leben.

Der Geburtstag

Die Zeit verging und ich war in der zweiten Klasse. Viele Freunde hatte ich nicht, außer zwei Jungs an meinem Wohnort, das waren Karl und Helmut. Sie waren im gleichen Alter wie ich. Sie hatten Spielsachen, von denen ich nur träumen konnte, und sie hatten auch immer ordentliche Sachen an, anders als ich. Denn ich bekam meistens abgetragene Sachen, die meine Mutter mir mitbrachte. Zwar waren die Sachen sauber, denn Mutter achtete immer darauf, dass ich ordentlich in die Schule ging. Doch man sah es ihnen an, dass sie abgetragen waren, wofür ich mich auch etwas schämte. Meine Freunde kannte ich erst ein halbes Jahr. Ich lernte sie durch einen Zufall kennen. Mutter und ich besuchten eine Kollegin, mit der sie zusammen in der Finanzabteilung der LPG arbeitete. Schon als sie die Tür öffnete, sah ich einen langen Flur, hell und einladend. Da lernte ich Karl kennen, der mir sein eigenes Zimmer zeigte. Ein sehr großes Zimmer. Mit viel Spielzeug, so etwas hatte ich noch nie gesehen. Dann dachte ich an „mein" Zimmer, das klein war und das ich mit Inge und Sven teilen musste. Und von einem Kinderzimmer konnte nicht die Rede sein, es war mehr ein Schlafraum. Als ich Karls Zimmer sah, bekam ich einen kleinen Schock, das konnte doch nicht alles nur einem Kind gehören! Aber es war so. Und ich fragte mich: „Warum nicht ich?" Diese Frage beantwortete ich mir später selbst.

Durch Karl lernte ich Helmut kennen, der auf der gleichen Ebene (mit eigenem Zimmer und Spielzeug im Überfluss) wie Karl stand. Da wusste ich, dass bei mir etwas falsch lief: Wir drei Kinder verstanden uns und waren häufig zusammen. Aber ab und zu bekam ich zu spüren, dass ich nicht immer mithalten konnte mit meinen Freunden. Das fing schon an mit dem Fahrrad, das ich nicht hatte. Ich lernte das Radfahren auf Mutters viel zu großem Dienstfahrrad. Und das nur am Wochenende. Auch wenn es um Taschengeld ging, kannte ich so etwas nicht. Wenn wir drei zusammen am Sonntag ins Kino gehen wollten, was nur 25 Pfennige kostete, ging ich Flaschen und Altpapier sammeln. Ich brauchte nicht viele Flaschen, da ich für eine Flasche 5 Pfennige bekam. Die Zeit verging und ich war der erste von uns dreien, der Geburtstag hatte. So fragte ich meine Mutter, ob ich meine Freunde einladen dürfe zum Geburtstag und ob sie Kuchen kaufen würde, was sie bejahte. Sie sagte, dass sie früher nach Hause komme, um hier noch etwas aufzuräumen. Ich war zufrieden mit dem, was meine Mutter sagte. Ich lud also meine Freunde zum Geburtstag ein, so um 17 Uhr, da ich selbst bis 16 Uhr im Hort war. Es war 16 Uhr und ich ging mit etwas Vorfreude vom Hort nach Hause. Zu Hause angekommen, hatte ich ein komisches Gefühl. Denn normalerweise stand das Dienstfahrrad der Mutter immer vor der Hoftür, was jetzt nicht der Fall war. Die Hoftür war noch verschlossen. Da wusste ich, dass die Mutter nicht daheim war. Mit etwas Panik versuchte ich, das Wohnzimmer aufzuräumen, was mir als Kind nicht so richtig gelingen wollte. Ich brachte schnell das Bettzeug der Mutter – denn sie schlief immer im Wohnzimmer – in ein anderes Zimmer. Jetzt war es schon Viertel vor fünf und meine Freunde würden gleichkommen. Es klopfte an der Tür, draußen warteten Karl und Helmut, die fünfzehn Minuten zu früh da waren. Sie gratulierten mir zum Geburtstag und gaben mir die Geschenke. Verschämt nahm ich die Geschenke an und bedankte mich dafür. Ich schämte mich so, dass ich nicht einmal nachschaute, was ich bekommen hatte. Dann ging die Tür auf und Mutter kam mit Sven, den sie noch aus dem Kindergarten holte, und einer Torte ins Zimmer. „So, setzt euch, ich bringe gleich die Torte", sagte meine Mutter. Aufgrund der

Unordnung, die bei uns war, lehnten Karl und Helmut dankend ab und gingen wieder nach Hause … Es war mein erster und auch letzter Geburtstag, an dem ich in meiner Kindheit jemanden einlud.

Warum konnte ich mich auf einmal so gut erinnern? Das war mir ein Rätsel. „Schuld" daran war meine Therapeutin, der ich viel zu verdanken habe bis jetzt. Ich wusste nicht, wie, aber sie hatte es geschafft, meine „versaute" Kindheit wieder ans Licht zu bringen. Aber ich weigerte mich weiterhin, daran zu glauben, dass der ganze „Scheiß", den ich jetzt durchmachte, die Schuld meiner Kindheit war, wie meine Therapeutin mir weismachen wollte … Eigentlich hätte ich sie, als ich das alles zu Papier brachte, zwei Mal gebraucht. Doch ich wollte sie nicht belästigen. Das war mir dann doch zu unangenehm, ich war ja auch nicht der Einzige auf der Welt, der Probleme hatte. Auch wenn sie immer sagte, dass ich sie jederzeit anrufen könnte, wenn bei mir gar nichts mehr ginge. Aber ich konnte mir nicht vorstellen, dass sie für ihre Patienten rund um die Uhr da war. Das ging gar nicht. Den ganzen Tag musste sie sich „kranke Geschichten" anhören und das wollte sie dann auch noch alles mit nach Hause nehmen? Entweder war sie „schmerzfrei" oder eines Tages würde sie sich selbst gegenübersitzen. Eigentlich müsste sie, sobald sie nach Feierabend die Autotür zumachte, sofort einen Schalter umlegen. Immer wenn ich einen Termin hatte und im „Wartezimmer" saß, hörte ich Gelächter aus dem anderen Zimmer wie bei einem Kaffeeklatsch. Nicht nur einmal, sondern bei fast jedem Termin. Dann dachte ich immer, dass ich die Probleme der anderen auch einmal haben wollte. Und es konnte gar nicht anders sein, ich musste der einzige wahre „Bekloppte" hier sein. Ich konnte mir das nicht anders erklären. Aber eines muss ich doch auch sagen: Ich habe mit Frau Baumann einen Glücksgriff gemacht. Denn ich kam und komme mit ihr wunderbar zurecht. Sie hatte es geschafft, dass die Mauer, die zwischen ihr und mir stand, Stein für Stein abgebaut wurde. Ich erzählte ihr Dinge, die nicht einmal meine Frau wusste. Kurz und gut, ich vertraute ihr mehr an als meiner eigenen Frau. Dabei wusste ich, dass ich Jutta, meine Frau, hintergehe. Verdient hatte sie das nicht. Aber ich finde, dass es so, wie es ist, besser war. Wieso sollte ich Jutta mein

Elend erzählen? Es war ja so lange her. Sie hätte damit sowieso nichts anfangen können. Und deshalb vertraute ich mich einer Frau an, die ich noch nie im Leben gesehen hatte? Ich verstand selbst nicht, warum ich das tat. Einer in der Familie reichte, der durchgeknallt war. Sie würde sich nur unnütze Sorgen machen. Und jeden Tag hoffen, dass ich am Abend noch am Leben wäre, wenn sie von der Arbeit kam. Von meinem Plan, dass ich mir das Leben nehmen wollte, wusste und weiß sie immer noch Gott sei Dank nichts. Aber das wäre fast schiefgegangen, denn dumm, wie ich war, ließ ich versehentlich einen Befund in der Küche liegen. Sonst hatte ich immer darauf achtgegeben, dass nichts dem Zufall überlassen würde. Aber dieses Mal hatte ich Mist gebaut und Jutta hatte den Befund gefunden und gelesen. Die erste Frage, die sie mir stellte, war: „Muss ich mir Sorgen machen um dich?" Das spielte ich natürlich herunter: „Nein, du kennst doch die Ärzte, die übertreiben bloß und schieben sich die Patienten hin und her. Und als der Arzt mich fragte, ob alles gut sei bei mir, gab ich ihm zur Antwort: ‚Na ja, einmal ist immer Schluss und so ist es nun einmal im Leben.' Und so kam es zu diesem Befund. Du kennst mich doch." Damit gab sie sich erst einmal zufrieden, hoffentlich für einige Zeit. Und ich hatte gerade noch einmal so die Kurve bekommen. Bei den Tabletten hatte ich die Beipackzettel herausgenommen. Damit meine Frau nicht lesen konnte, gegen was ich sie nehmen musste. Denn ich sagte ihr immer, sie seien gegen die Schmerzen. Meine Frau ist intelligent, erst später erfuhr ich, dass sie wusste, wofür die Tabletten gut waren. Sie ging ins Internet und suchte nach den Medikamentennamen. Mit anderen Worten, sie wusste Bescheid. Nur ich dachte, sie wisse nichts. Der Dumme war ich und nicht meine Frau. Doch von meinem Plan wusste sie zum Glück nichts. Ich hatte seit einem Jahr ein Zittern in der linken Hand, auch Tremor genannt in der Fachwelt. Die Ärzte waren da unterschiedlicher Meinung. Ein Teil von ihnen sagte, der Tremor komme von den Medikamenten, der andere Teil sagte, er komme von innen und habe mit meiner Depression zu tun. Ich war schon froh, dass nur eine Hand zitterte. Wären es beide gewesen, so hätten die Leute gedacht, dass ich ein Alkoholiker sei. Meine Hand zitterte unaufhörlich, wenn ich sie nicht irgendwo festhielt. Das sei Angst, meinte die Therapeutin. Ich staunte, wie sie meine Gefühle zuordnen konnte. Das hatte ich nie gelernt, es war eben einfach alles so, wie es war. Immer stand ich wie neben mir, überfordert, erstarrt, handlungsunfähig, geschockt, voller Scham und Peinlichkeit. Dies schmerzte mich am meisten. Ich wurde meine ganze Kindheit und Jugend über systematisch und massiv ausgegrenzt, verunglimpft, verhöhnt, sowohl von Kindern als auch von Erwachsenen. Ich frage mich, wie ich das überlebt hatte und dann doch eine Familie habe gründen können, Freunde hatte. Ich habe aber immer alles für andere getan, nie Nein gesagt. So richtig abgebaut war die Mauer zwischen mir und meiner Therapeutin Frau Baumann noch nicht. Und das wollte ich ändern. Wenn ich ihr schon mein ganzes Leben erzählte, dann musste ich voll vertrauen können. Wie gesagt, es war schon eine sehr große Überwindung für mich. Und ich schämte mich für meine Kindheit. Also nahm ich mir vor, ihr das Du anzubieten, weil das Sie für mich immer eine Barriere war. Nur wusste ich nicht, ob sie diese Barriere brauchte, um zu mir etwas Abstand zu halten. Eigentlich war das, was ich vorhatte, nicht normal. Aber da sagte ich mir, ob sie „Du Blödmann" oder „Sie Blödmann" sagte, war egal, dass DU und das SIE verschwanden wieder, aber der Blödmann stand dann immer noch im Raum. Mir war nicht ganz wohl, weil ich nicht wusste, wie sie reagieren würde, aber es musste sein. „So, Frau Baumann, bevor wir anfangen, möchte ich noch etwas besprechen mit Ihnen." Etwas unsicher und nicht wissend, was jetzt kommen würde, sah sie mich an. „Frau Baumann, Folgendes: Ich komme mit Ihnen wunderbar zurecht, keine Frage. Aber was ich brauche, ist mehr Sicherheit und vor allem Vertrauen. Deshalb möchte ich Ihnen das Du anbieten, wenn Sie nichts dagegen haben." Ich glaube nicht, dass sie mit so etwas gerechnet hatte. So richtig wusste sie nicht, was sie im ersten Moment sagen sollte, und sie schaute mich etwas ungläubig an. Das sah ich ihr an. Das brachte mich wiederum ins Grübeln. Ich konnte es ja auch nachvollziehen und sagte mir, so ein Angebot bekommt sie sicher nicht jeden Tag, wenn überhaupt. Doch zu meiner Verwunderung willigte sie ein: „Ich bin Sabine." Da fiel mir ein Stein vom Herzen. Mauer und Barriere waren auf einen Schlag weg. Jetzt hatte ich das Vertrauen, das ich brauchte, und ich konnte ihr nun alles erzählen (fast alles). Das fiel mir jetzt nicht mehr schwer. Wie sie mir einmal später sagte, war dies in der Therapie, in der Fachwelt, sehr umstritten. Ein Teil der Therapeuten sei wohl dafür, um mehr Vertrauen zum Patienten aufzubauen. Ein Teil sei dagegen, da es zu persönlich werde und der Abstand zum Patienten nicht mehr vorhanden sei. Aber im Nachhinein muss ich sagen, dass es eine gute Entscheidung von ihr war, diesen Weg einzuschlagen. Aber dies nur nebenbei einmal erwähnt. Wo war ich stehen geblieben? Ach ja, bei meinem Geburtstag …

Nach dem misslungenen Geburtstag versuchte ich, den Kontakt mit Karl und Helmut so weit wie möglich zu vermeiden. Denn ich schämte mich immer noch dafür. Und mir war auch klar, dass Karl und Helmut diesen Geburtstag nicht für sich behielten. Und so begannen die Schikane und Beleidigungen in der Schule. Denn ich musste mir dumme Sprüche anhören wie „Eh, du Lumpen-Klaus" oder „Bei euch zu Hause sieht es ja aus wie bei Hempels unterm Sofa" oder „Assiklaus". Kinder können so grausam sein, weil sie meist die Wahrheit sagen. Ich konnte mich nicht einmal wehren. Denn es stimmte ja, was sie sagten. Da ich nicht auf die dummen Sprüche meiner Mitschüler reagierte, brachte es sie in Rage und die Sprüche wurden noch gemeiner. Bis ein Junge sagte: „Deine Mutter ist genauso ein Assi wie du." Das war zu viel und ich schlug auf den Jungen ein, der nun auf dem Boden lag. Meine ganze Wut, die ich hatte, ließ ich an dem Jungen aus. Ich schlug wie ein Irrer auf ihn ein, sodass zwei Lehrer uns auseinanderbringen mussten. Ich hatte den Jungen blutig geschlagen, was mir egal war. Vom Direktor bekam ich einen Verweis für mein Verhalten. Ich durfte mich nicht einmal verteidigen, um zu sagen, wie es zu dieser Schlägerei gekommen war. Da merkte ich, wenn man einmal zum „Assi" abgestempelt war, war man immer ein Assi. Von nun an machte ich meine Unternehmungen alleine und vermied, wo ich nur konnte, jeden Kontakt zu anderen Schülern. Im Prinzip war ich ein Einzelkämpfer. Wenn ich mit anderen zusammen war, wollte ich schon dazugehören und nicht bloß danebenstehen. Aber das klappte überhaupt nicht. Meine Klasse hatte eine Stunde

Ausfall. Um nach Hause zu gehen, war die Zeit zu kurz. Also ging ich auf den Schulhof. Von den drei Jungen, mit denen ich zusammenstand, hatte einer eine Idee. Da zurzeit Schlosser in der Schule tätig waren, stahl Henry eine kleine Menge Grafitpulver. Das ist ein ganz feines schwarzes Pulver, so fein wie Puderzucker. Das mischten die Schlosser mit Fett, damit die Gewinde geschmeidig blieben. Wie gesagt, Henry kam auf die Idee, in der Sporthalle, in der die andere Klasse Sport hatte, das Grafitpulver in der Jungenumkleide in die Schuhe von einem oder zwei Jungen zu geben. Keiner traute sich zu sagen: „Ich mache es." Und so sagte ich: „Ich mache es." Im selben Moment, als ich das sagte, hatte ich es schon wieder bereut. Ein Zurück gab es für mich nicht. Wenn ich etwas sagte, dann zog ich das „Ding" auch durch, auch wenn es die blödeste Idee der Welt war. Alle sollten sehen, dass ich zu meinem Wort stand und dass man mit mir rechnen konnte. Ich wollte nie als unglaubwürdig dastehen. Ich ging in die Umkleidekabine und suchte mir zwei Paar Schuhe aus. Das Pulver ließ ich ganz vorsichtig in die Schuhe gleiten, sodass man es beim Anziehen nicht gleichsehen konnte. Wer

Grafitpulver kennt, kennt auch die Eigenschaften des Pulvers. Es kriecht ganz langsam den Körper hoch. Je mehr man sich bewegt, desto schneller kriecht das Pulver am Körper hoch. Natürlich beschwerten sich einen Tag später zwei Eltern beim Direktor darüber, dass sie die Sachen der Kinder nun wegschmeißen konnten. Die Schüler wurden gefragt, ob jemand etwas gesehen hätte. Ich hatte mich schon beim Direktor gesehen, der meine Mutter vorgeladen hätte. Aber zu meiner Verwunderung passierte nichts. Und auch die Jungs aus meiner Klasse hielten alle dicht, aber aus Angst, ebenfalls bestraft zu werden. Und so verlief die Sache im Wind. In der Schule kam ein Schülersparbuch auf. Ein jeder, der eins haben wollte, konnte es eröffnen. Immer am Montag konnte man Marken kaufen, zu einem unterschiedlichen Wert. Da waren Marken zu 10 Pfennig bis hin zu 5 Mark. Und wenn das Buch voll war, konnte man es auf der Sparkasse gegen Geld eintauschen, natürlich nur mit einem Erziehungsberechtigten. Ohne den ging es nicht. Da ich nun den Kontakt mit meinen Freunden mied, ging ich nach dem Hort Altpapier und Flaschen sammeln. So konnte auch ich mein Sparbuch mit

Geldmarken füllen. Denn ich wollte für ein Fahrrad sparen, das ich ja nicht hatte. Ich, der ich in der zweiten Klasse war, war viel auf mich selbst gestellt. Ich war nicht einmal ein dummer oder schlechter Schüler, was man von „ASSIS" eigentlich hätte vermuten können. In der Schule mischte ich gut im Mittelfeld mit, was natürlich dem Hort geschuldet war.

Wie das Ende anfing

Es war Sonnabend, als ich aus der Schule kam, denn Hort hatte ich an dem Tag nicht. Da kam meine Mutter mit Rechnungen an und ich sollte das Geld bei den Bauern im Dorf einsammeln, was ich auch tat. Das machte ich öfters. In zwei Stunden hatte ich acht Rechnungen abgerechnet und übergab das Geld der Mutter. Diese fuhr dann gleich mit dem Fahrrad weg und nach einer halben Stunde war sie wieder da. Sie hatte sich Zigaretten geholt. Mich wunderte das nicht, denn Mutter holte ab und zu Zigaretten. Doch diese Rechnungen waren der Anfang vom Ende, was ich nicht wusste. Der Sonntag kam und ich packte meinen Ranzen. Ich wollte mein Sparbuch noch mitnehmen, denn am Montag gab es wieder Sparmarken. Ich hatte in der Woche nach dem Hort wieder Altpapier und Flaschen gesammelt. Dieses Mal hatte ich 2,85 Mark erhalten, dieses Geld wollte ich einzahlen. Ich rechnete mir schon aus, wie ich das Geld aufteilen würde, für 2,50 Mark würde ich Marken kleben und für 35 Pfennige wollte ich mir Süßigkeiten kaufen. Als ich die Mutter fragte, ob sie mein Sparbuch gesehen habe, bekam ich zur Antwort: „Ich habe mir mal dein Sparbuch geborgt und das Geld auszahlen lassen. Aber du bekommst alles wieder zurück. Wir haben zurzeit zu wenig Geld und etwas zu essen muss ich auch kaufen." In diesem Moment war mir klar, dass ich mein Geld nicht wiedersehen würde. Es waren schon 18,50 Mark auf dem Konto gewesen. Ich fragte später nicht mehr nach dem Geld, denn das hatte ich abgeschrieben. Ein neues Schulsparbuch legte ich auch nicht mehr an.

Es war April, meine große Schwester Karin wurde entlassen und kam nach Hause. Zu meinem Glück wusste keiner in der Klasse, dass ich eine Schwester hatte, die eingesperrt gewesen war, so dachte ich jedenfalls. Der

April war fast zu Ende und ich machte meine Hausaufgaben im Hort wie immer. Da sagte einer der Jungen: „Deine Mutti kommt ins Gefängnis, weil sie Geld gestohlen hat." Die Erzieherin griff sofort ein und sagte, das stimme nicht, wer sagt denn so etwas. Der Junge gab gleich zur Antwort: „Von meiner Tante weiß ich das, die arbeitet auch auf der LPG." Ich konnte es auch nicht glauben, da meine Mutter immer zu Hause war. Gestern war sie auch da gewesen und ich gab nicht viel darauf, was andere sagten. Wie gewohnt ging ich vom Hort nach Hause. Meine Schwester Karin traf ich dort an. Ich hatte so ein komisches Gefühl und ich sollte recht behalten. Meine Schwester sagte, dass die Mutter für längere Zeit nicht zu Hause sei. Auf meine Frage, wo sie denn sei, bekam ich keine richtige Antwort. Da brach in mir eine Welt zusammen, es stimmte also doch, dass meine Mutter eingesperrt worden war. Alle hatten es gewusst, selbst die Erzieherin, sie hatte nur gute Miene zum bösen Spiel gemacht. Am nächsten Schultag ging ich nur mit gesenktem Kopf zur Schule. Ich schämte mich so sehr, dass ich keinen anschauen wollte. Und es kam, wie es kommen

musste: „Ihr seid eine Verbrecherfamilie", bekam ich zu
hören und konnte nun wirklich nichts dafür. Am liebsten
hätte ich mich verkrochen in einem Loch. Oder ich hoffte,
dass sich die Erde auftat und mich verschlang. Ich konnte
das alles nicht verarbeiten, geschweige denn verstehen.
Meine kleine Kinderseele war zerbrochen. Nun spielte ich
ganz allein. Die Kinder, mit denen ich ab und zu gespielt
hatte, durften mit mir nicht mehr spielen, denn ich kam
jetzt aus einer „Assi- und Verbrecherfamilie". Meine
andere Schwester Inge konnte das noch verarbeiten und
kam auch besser damit klar. Nun hatte die große Schwester
Karin das Sorgerecht für Inge, Sven und mich. Dass dies zu
einer größeren Katastrophe führen würde, konnte noch
keiner ahnen.

Die Bude

Bis Ende April durfte ich noch in den Hort gehen, dann
hatte mich meine Schwester abgemeldet. Aus finanziellen
Gründen. Aber sehr viel Geld hatte der Hort nicht gekostet,
wie ich mich erinnern kann. Es waren 25 Ostmark im

Monat. Das wusste ich, da ich immer am Monatsanfang Geld von meiner Mutter bekommen hatte und das waren 25 Mark für den Hort. Wie dem auch sei, ich ging ab Mai nicht mehr in den Hort, was ein sehr großer Fehler war, wie sich noch herausstellen sollte. Denn ich baute in meinen Leistungen sehr schnell ab, da ich keine Hausaufgabenkontrolle mehr hatte. Die erste Zeit bekam ich noch ein warmes Essen, wenn ich aus der Schule kam. Das Essen war nicht die Welt, aber ich hatte etwas Warmes im Magen, noch. Es gab häufig Mehlsuppe, die kann ich bis heute nicht mehr sehen. Mehlsuppe wird aus Wasser und Mehl zusammengerührt und zum Schluss kommt noch etwas Zucker darauf ... Einmal kann man das ja essen, wie gesagt, einmal. Um meine Hausaufgaben kümmerte sich die Schwester nur in der ersten Woche. Dann ließ alles nach. Wenn ich aus der Schule kam, war meistens keiner zu Hause und zu essen gab es auch nichts. Ich musste mir etwas einfallen lassen. Also habe ich den Ranzen in die Ecke geworfen und bin ab ins „Wäldchen". Das war ein kleiner Wald in der Nähe meines Zuhauses. Doch er wurde kaum besucht, denn er stand in der Mitte einer Kuhweide.

Der Wald war mit Drahtzaun abgesichert, sodass die Kühe nicht in den Wald konnten. Die erste Zeit, als ich in das Wäldchen ging, bin ich immer gerannt, denn die Kühe kamen mir hinterher, was mir doch etwas Angst machte. Aber nach dem dritten oder vierten Mal stellte ich fest, dass die Kühe mehr Angst vor mir hatten als ich vor ihnen. Ich überlegte, was ich tun könne, und kam zu dem Entschluss, mir dort eine „Bude" zu bauen. Ich hatte sie getarnt, sodass sie keiner von außen sehen konnte, aber ich von innen nach außen alles sah. Da die Bäume sehr eng standen und groß waren, hatte ich ein leichtes Spiel. Ich richtete die „Bude" so gut es ging ein, legte Stroh aus, das ich von einem Bauern bekam. Dem erzählte ich, dass ich einen Hasen hätte. Mit einer kleinen Schippe hob ich dann einen Kreis aus, bis ich nur noch Erdreich vor mir hatte. Mit Steinen, die ich vorher zusammengesucht hatte, legte ich mir dann den Kreis aus zu einem Lagerfeuer, wie ich es in den Indianerfilmen im Kino gesehen hatte. Das war nun mein neuer Zufluchtsort, wenn wieder einmal keiner mit mir spielen wollte oder durfte. Um etwas zu essen, ging ich auf den Kartoffelacker und holte mir zwei oder drei

Kartoffeln. Diese waren zwar noch nicht ausgewachsen, aber man konnte sie trotzdem essen. Mit Streichhölzern, die immer zu Hause herumlagen, da die Mutter und Karin rauchten, machte ich mir ein Feuer, spießte die Kartoffeln auf einen Holzstock und grillte sie. Wenn die Kartoffel schön schwarz war, nahm ich sie aus dem Feuer und begann dann, sie abzupellen. Es war keine ordentliche Mahlzeit, wie ich sie im Hort gehabt hatte, aber ich wurde satt. Nachdem ich mich „satt" gegessen hatte, zog ich noch einmal los und legte mir ein kleines Lager von Kartoffeln und später auch von Äpfeln an. Ab und zu ging ich auch in die Gärten, denn diese waren hinten offen und nicht mit einem Zaun gesichert, was mir natürlich sehr entgegenkam. Ich musste bloß aufpassen, dass mich keiner erwischte. In der ersten Zeit, das muss ich zugeben, hatte ich Angst alleine im Wäldchen. Vor allem, wenn der Wind ging. Da die Bäume so eng standen, gab es manchmal komische Geräusche. Aber nach ein paar Tagen hatte ich mich daran gewöhnt. Einmal lag ich bei schönstem Sonnenschein in meiner Bude und schaute in die Ferne. Vor mir war die Eisenbahnbrücke, etwa 100 Meter entfernt, rechts hatte ich den Fluss in so ungefähr 50 Metern Entfernung, als plötzlich und schnell ein Gewitter aufzog. So schnell, wie es gekommen war, war es auch wieder weg. Als ob der liebe Gott mir zeigen wollte, was ich vergessen hatte. Mein Dach war undicht. Also ab zur Asche, die nur fünf Minuten entfernt war, wo ich nach einer Plane suchte, die ich auch fand. Nebenbei gesagt, die Asche war auch so ein Ort, an dem ich mich herumtrieb, da ich dort immer etwas fand, was ich gebrauchen konnte. Zum Beispiel mein halbes Fahrrad, das ich mir zusammenbaute, aber es wurde nie fertig. Also warf ich die Plane aufs Dach, ein paar große Äste darauf, und fertig war die Bude. Ich machte mir ein kleines Feuer und legte mich in die Bude. Einmal war ich ganz schlau. Ich musste pinkeln und dumm, wie ich war, pinkelte ich an den Zaun der Kuhweide. Was soll ich sagen? Das hatte ich nie wieder gemacht. Der Zaun stand unter Schwachstrom … Als die Dämmerung anbrach, machte ich mein Feuer aus und ging nach Hause. Die Schwester fragte, wo ich gewesen war und ob ich Hausaufgaben aufhätte, was ich verneinte. Mit der Antwort war sie zufrieden und bohrte nicht nach. Ich wusch mich und ging dann ins Bett, essen brauchte ich ja nicht mehr, da ich genügend Kartoffeln gegessen hatte. Und so schlief ich stolz auf mich ein, denn ich hatte jetzt eine Bude. Dann kam die Zeit, in der sich die Schwester überhaupt nicht mehr groß um mich kümmerte. Inge war schon selbstständig und machte ihr Ding allein. Karin hätte sich nur um Sven und mich kümmern müssen. Sven ging immer noch in den Kindergarten, wo er am Tag umsorgt war, was aber auch nicht mehr lange gut ging. Am Abend ging Karin regelmäßig mit ihrer Freundin auf Tour und ließ sich von Kerlen aushalten. Spät in der Nacht kam sie nach Hause und am Morgen stand sie erst gar nicht auf. Inge weckte mich dann ab und zu, damit ich nicht zu spät zur Schule kam. Etwas zu essen oder ein Pausenbrot war nicht in Sicht. Was Karin auch nicht besonders kümmerte. Das Einzige, was sie noch machte, war, Sven in den Kindergarten zu bringen, gegen halb neun.

Keine Antwort von Gott

Also ging ich ohne Essen und mit dreckigen Sachen zur Schule. In der großen Hofpause, wenn andere ihr Pausenbrot einnahmen, mied ich hungrig die anderen Kinder, um nicht wieder dumme Sprüche hören zu müssen. Ab und zu fragten andere Schüler, warum ich nichts esse. Ich sagte, ich hätte keinen Hunger oder dass ich mein Brot vergessen hätte, was natürlich gelogen war. Und das kam leider öfter vor ... Einmal bekam ich von einem Jungen aus der Klasse eine halbe Schnitte. Natürlich wollte ich diese Schnitte nicht annehmen, denn die anderen sahen es und ich schämte mich in Grund und Boden. Er musste wohl das Elend gesehen haben, das ich mit mir herumtrug. Aber das kam nur einmal vor. Seit diesem Vorfall machte ich in den Pausen einen großen Bogen um die anderen und ging immer auf die andere Seite des Schulhofes. Denn noch einmal wollte ich nicht in so eine Situation kommen und nicht dastehen wie ein Bettler, der sich schämen muss. Diese Sache habe ich bis heute nicht vergessen. Ich hatte nun meinen Ruf weg vor den anderen Schülern. Sie nannten mich Lumpenschäfer, „Assischäfer" oder Verbrecherschäfer. Und das nicht ohne Grund, ich kam immer öfter mit schmutzigen Sachen, denn Karin juckte das nicht. Nur als ich einmal nach sauberen Sachen fragte, hatte sie sich erbarmt, Wäsche zu waschen. Wenn der Name Schäfer ins Spiel kam, dachten die meisten Kinder an Lumpenschäfer oder Verbrecherschäfer. Und diese Entwicklung hatte ich meiner Mutter und Karin zu verdanken. Wie oft hatte ich zum lieben Gott gesagt, er solle mich sterben lassen, um nicht jeden Tag verhöhnt zu werden. Und das als ein achtjähriges Kind. Ich verstand die Welt nicht mehr. „Ist denn die ganze Welt gegen mich?", fragte ich mich öfters. Ich war froh, wenn die Schule aus war und ich in meine „Bude" gehen konnte. Dann konnte keiner mich mehr verhöhnen und beschimpfen. Dort war mein Reich, wo ich zur Ruhe kam. Es graute mir schon vor dem nächsten Schultag und der Ungewissheit, was dieser Tag bringen würde. Einmal wurde in Deutsch bei Frau Krüger (eine alte Nazilehrerin) über die Pflichten der Eltern gesprochen: „Schäfer, komm mal bitte vor!" Ich stand vor der Klasse, sie fragte die Kinder, ob meine Eltern beziehungsweise meine Schwester ihre Pflichten erfülle. Die Kinder antworteten mit Nein. „Warum?", bohrte sie weiter. „Weil er fast immer schmutzige Sachen trägt", sagte die kleine Anne. Ich wäre am liebsten sofort gestorben. Aber die alte Nazilehrerin kam in Fahrt. „Wollen wir mal sehen, ob die Unterwäsche sauber ist!" Ich musste nun das

Hemd ausziehen, das natürlich nicht sauber war. „Seht her! Wer so herumläuft, wird kein guter Mensch", sagte sie vor der Klasse. Die Sache war mir sehr peinlich und ich schämte mich. „Warum? Warum?", dachte ich nur.

Ich durfte mich wieder anziehen und setzen. In der Pause verzog ich mich vom Pausenhof hinter ein Gebüsch und begann zu heulen. Ich wollte nicht mehr zurück in die Klasse, aber ich musste. Ja, ich musste das alles aushalten mit meiner kaputten Seele.

Der Schwester erzählte ich nichts von diesem Vorfall. Für den Sportunterricht gab es klare Ansagen. Die Bekleidung sollte aus einer schwarzen Sporthose und einem grünen Sporthemd bestehen. Meine Klasse hatte einmal in der Woche Sport. Und zwar um 15 Uhr wegen den Umbauarbeiten, die in der Schule stattfanden. Um 12 Uhr war Schulschluss. Ich ging nach Hause und meine Schwester hatte sogar Essen gekocht: Kartoffeln mit Ei und Senfsoße. (Wieso vergesse ich solche Kleinigkeiten nicht – weil sie so selten waren vielleicht?) Wo sie das Geld dafür herhatte, wollte ich gar nicht wissen, Hauptsache, ich war satt. Meine Schwester Karin musste am Nachmittag zu einem Termin, welcher Art auch immer. Und ich sollte nach dem Sportunterricht Sven aus dem Kindergarten abholen. Als ich meine Sportsachen zusammensuchte, fand ich das grüne Sporthemd nicht. Ich konnte keinen fragen, Inge und Karin waren nicht da. Also suchte ich weiter und fand ein grünes Sporthemd. Es war aber nicht meines, sondern Svens. Auch er machte ja Sport im Kindergarten. Was sollte ich nun machen? Ohne das grüne Sporthemd hingehen und mir damit einen Tadel abholen? Und so zog ich das Hemd von Sven an. Ich konnte es anziehen, aber es war zu kurz. Da dachte ich mir, ich nehme das Hemd von Sven mit und sage einfach, ich hätte das falsche Hemd eingepackt. So beschlossen, so getan. Aber weder der Lehrer noch die Mitschüler glaubten es mir. Ich musste das viel zu kleine Sporthemd auf Anweisung des Sportlehrers anziehen. Und so machte ich mich wieder zum Gespött der Klasse. Ich versuchte, meine Tränen zu unterdrücken, aber ich konnte es nicht. Der Sportlehrer sah, was er mit seiner Anweisung angerichtet hatte, stauchte die anderen Mitschüler zusammen, die sich immer noch lustig machten über mich, und schickte mich nach Hause. Ich holte meinen Neffen Sven aus dem Kindergarten, lieferte ihn bei Karin ab, die zum Glück wieder zu Hause war. Dann ging ich direkt in meine „Bude" und dachte über mein Leben und das, was heute geschehen war, nach. Dabei rollten mir die Tränen die Wangen hinunter, aber diesmal versuchte ich nicht, sie zu unterdrücken. Und das machte mich nur noch härter. Ich saß in meiner „Bude" und weinte bitterlich. Es war ein Tag, an dem ich gleich zwei Mal sehr tief verletzt worden war. Erst Frau Krüger, die mich vor der Klasse hat ausziehen lassen, und nachmittags der Sportlehrer, der mich Svens Sporthemd anziehen ließ. Nun saß ich hier und weinte, was das Zeug hielt. „Warum immer ich?", dachte ich. In meiner Naivität schaute ich zum Himmel hoch. „Kannst du mir das erklären, lieber Gott?", sprach ich. „Wenn es dich wirklich gibt, warum lässt du es dann zu, dass ich immer so gedemütigt werde?" Ich wusste nicht einmal, ob es Gott wirklich gab. Gott war ein Strohhalm für mich, denn, wie sagen die Erwachsenen immer, der liebe Gott sieht alles und bestraft sofort. Wenn er alles sah, warum übersah er mich? Und das alles nur, weil keiner da war, dem ich mich anvertrauen konnte. Karin war alles egal, Hauptsache, sie konnte am Abend wieder um die Häuser ziehen. Inge machte ihr eigenes Ding. Die Mutter war im Bau, von wem sollte ich also noch etwas erwarten? Um mich abzulenken, machte ich mir ein Feuer, nahm eine große Kartoffel aus meinem Speicher und hielt sie unter Tränen, auf einen Stock gespießt, über das Feuer. Nachdem ich die Kartoffel gegessen hatte, löschte ich das Feuer, denn es war schon spät geworden. Ich sah auf die Turmuhr in der Stadt, die ich von meiner Bude aus sehen konnte. Es war schon 19 Uhr, Karin würde bereits warten, um mir Sven zu übergeben. Auf dem Weg nach Hause grauste es mich schon vor dem nächsten Tag in der Schule. Wie ich vermutet hatte, war Karin schon auf dem Sprung, ohne zu fragen, ob ich Hausaufgaben hätte, und sah das Elend, das ich in mir trug, einfach nicht. Ich könnte wetten, ein glückliches Kind sah anders aus. „Du kannst dir eine Butterschnitte machen", sagte sie, „die Wurst ist alle wie immer, ich gehe erst übermorgen einkaufen. Da bekomme ich mein Krankengeld." Ich beneidete Sven, da er immer ein warmes Essen bekam im Kindergarten. Ich lehnte die Butterschnitte ab, da ich meine Kartoffel gegessen hatte. Das restliche Brot, das auf dem Tisch lag, konnte man eigentlich nicht mehr schneiden. Da wusste ich schon, dass ein Pausenbrot für morgen nicht in Sicht war. Aber daran hatte ich mich schon gewöhnt. Es war nicht das erste Mal, dass ich mich wieder in der großen Pause hungrig „abseilte". Denn nichts war schlimmer für mich, als zu sehen, wie alle ihr Pausenbrot aßen. Also musste ich mich ablenken und mir selbst Mut machen. Denn ich hatte ja meine Bude. Dann sagte ich mir: „Nach der Schule gehst du zur Bude und nimmst dir eine Kartoffel." Das war das Einzige, worauf ich stolz war. Denn eine Bude und ein Lagerfeuer hatten nicht viele aus meiner Klasse, wenn überhaupt auch nur einer. Da sich keiner um mich kümmerte, passierte es, dass ich ab und zu die Schule schwänzte, um mich so vor Frau Krüger in Deutsch zu schützen. Wer weiß, was sie sich noch alles einfallen lassen würde, um mich lächerlich zu machen vor der Klasse. So hatte ich wenigstens Ruhe an diesem Tag. Was aber auch keinen weiter interessierte. Es kam mir vor, als wenn ich schon abgeschrieben war. Und vor allem hatte keiner am nächsten Tag gefragt, warum ich nicht in der Schule gewesen war. (Darüber mache ich mir heute noch Gedanken.) Am nächsten Tag sprach ich Karin an und sagte, dass ich nächste Woche eine Klassenfahrt hätte und Geld dafür bräuchte. 3,50 Mark für die Busfahrt, ein bisschen Geld für den Tag, um etwas zu essen und trinken kaufen zu können. „Ja, ja", sagte sie. Diese Worte kannte ich schon, also freute ich mich erst gar nicht auf den Ausflug. Denn dass das nichts brachte, wusste ich schon, gar nichts. Aber andererseits wollte ich gar nicht mitfahren. Man hätte mich bloß „dumm" dastehen lassen, und ich hätte sehen müssen, was die anderen wieder von zu Hause alles mitbekommen hatten. Karin ging wie immer los, um sich aushalten zu lassen, mit ihrer Freundin. Was die Kerle dafür bekamen, wusste ich damals noch nicht, aber es war mir auch egal. Inge war bei ihrer Freundin (nahm ich jedenfalls an), und ihr konnte ich keinen Vorwurf machen. Denn sie war ja selbst noch ein halbes Kind. Ich wusch mich (so gut es eben ging für einen Achtjährigen) und suchte mir Sachen für den nächsten Tag, die noch einigermaßen sauber waren. Karin müsste mal wieder waschen, dachte ich so bei mir. Sven war „bettfertig", sodass ich ihn gegen 20 Uhr ins Bett brachte. Ich dachte jedenfalls, dass es 20 Uhr war. Die einzige Uhr im Haus war ein Wecker, und dieser zeigte mir die Zeit an. Ich musste mich darauf verlassen, denn ein Radio hatten wir nicht, geschweige denn einen Fernseher. Andere Kinder aus meiner Klasse hatten schon eine Armbanduhr, davon war ich noch weit entfernt. Ich stellte den Wecker wie immer auf halb sieben, ging ins Bett und ließ diesen verdammten Scheißtag noch mal Revue passieren. Dann schlief ich weinend ein. Ich bekam gar nicht mehr mit, als Inge in die Kammer kam. Der Morgen war gekommen, Inge war schon schulfertig und ging zu ihrer Freundin. Sie brach immer früher auf, um ihre Freundin abzuholen. „Aufstehen! Sonst schläfst du wieder ein", sagte sie.

Das saubere Hemd

Wann Karin nach Hause gekommen war, wusste niemand.
Sie lag noch in ihrem Zimmer und schlief. Es war noch
kleiner als unsere Kammer. Da passten ein Bett und ein
kleiner Schrank gerade so hinein. Ich holte mir Wasser aus
dem Waschhaus. Dort mussten wir im Sommer wie im
Winter immer Wasser holen. Wasser aus der Wand hatten
wir nicht. Ab und zu, wenn jemand daran dachte, holten
wir das Wasser am Abend herein, stellten es auf den
warmen Kohleofen in der Küche, sodass es früh noch etwas
lauwarm war. Aber im Sommer war es immer kalt. Nur
wenn etwas zu essen gekocht wurde (was immer seltener
war), hatten wir ein bisschen warmes Wasser. Doch wie
gesagt, nur wenn jemand daran dachte, was diesmal nicht
der Fall war. Also holte ich einen kleinen Eimer Wasser,
kippte ihn in die Schüssel und machte mich mit kaltem
Wasser frisch. Ich putzte die Zähne mit einer nassen
Zahnbürste, denn die Zahnpasta war wieder einmal alle.
Außer für Inge, sie hatte immer welche, rückte sie aber
nicht heraus, weil sie dieses Zeug selbst bezahlte.
Überhaupt legte sie großen Wert auf ein ordentliches
Erscheinungsbild. Was ich mir eigentlich auch vornahm,
doch leider gelang es mir nicht mehr, seit die Mutter im

Bau war. Ich kann meiner Mutter vieles vorwerfen, aber dass ich schmutzig zur Schule ging, so etwas ließ sie nicht zu. „Man kann arm sein und dennoch ordentlich herumlaufen", sagte sie immer, und da ist ja auch etwas dran. Auch wenn es nur gebrauchte Sachen waren, die ich fast immer tragen musste, aber sie waren sauber. Und das ist auch das Einzige, was ich meiner Mutter zugutehalte. Das kalte Wasser machte mich sofort putzmunter. Es war viertel acht, Sven schlief noch und ich musste los zur Schule. Wie jeden Morgen weckte ich Karin, damit sie Sven fertig machen konnte, um ihn in den Kindergarten zu bringen. Ich zog an der Tür ihrer Kammer, sie war verschlossen. Dann war mir alles klar, sie hatte wieder einen Kerl abgeschleppt. Immer, wenn die Kammer verschlossen war, wussten wir, sie hatte wieder einen abgeschleppt. Nur wusste ich nicht, ob es immer der gleiche war oder jedes Mal ein anderer. Ich sah sie ja nie. Früh lag sie noch im Bett und abends war keiner da. Aus heutiger Sicht würde ich sagen, dass es immer der gleiche Kerl war, auf längere Zeit gesehen. Oder ich hatte es nicht mitbekommen. Klar hatte sie verschiedene Kerle, aber heute den und morgen den anderen, so war das nicht. Ich würde einmal sagen, es war der normale „Verschleiß". Aber bestätigen kann ich das nicht. Ich klopfte an die Tür und ein verschlafenes „Ja, ich bin wach" kam zurück. Also ging ich meiner Wege. Auf dem Weg sah ich, dass Karl und Helmut vor mir zur Schule gingen. Da ging ich etwas langsamer, denn seit der Pleite mit meinem Geburtstag ließ ich den Kontakt schleifen. Außerdem wäre ich wieder aufgefallen wegen meiner schmutzigen Sachen. An der Schule angekommen, stellte ich mich auf den Fußweg neben einen Strauch, der vor der Schule stand, sodass mich nicht jeder sehen konnte. Also weit weg von den anderen, seit meinem sozialen Abstieg, der anfing, als meine Mutter in den Bau ging. Wenn das Klingelzeichen kam, und alle in die Klassen gehen sollten, ging ich immer so spät ins Klassenzimmer, dass kurz nach mir der Lehrer kam. Damit gewann ich Zeit und musste mir nicht schon am frühen Morgen dumme Sprüche anhören. Was mir nicht immer gelang, leider. Diesmal gelang es mir auch nicht, der Lehrer ging noch einmal ins Büro und hatte etwas vergessen. Ich betrat den Klassenraum, ging zu meiner Bank und schon musste ich mir anhören: „Eh, Lumpenschäfer, du kommst wohl direkt von der Müllhalde, so wie du aussiehst." Was natürlich wiederum ein Gelächter hervorrief. Ich saß auf meiner Bank, zusammengefaltet, und war rot im Gesicht geworden. Und voller Wut auf mich selbst. Ich hätte auch einmal meine Sachen selbst waschen können. Das nahm ich mir an diesem Tag vor. Gott sei Dank kam der Lehrer Herr Richter herein, der die Situation entschärfte. Er war einer der wenigen Lehrer, die meinen Zustand nicht sahen. Aber eigentlich war das unmöglich. Sie übersahen ihn eher, was mir auch schon etwas half. „Ihr hattet Hausaufgaben zu heute auf, die ihr vor zwei Tagen von mir bekommen habt. Die zwei Matheaufgaben auf Seite 23. Aufgabe vier und vier a." Klar hatten wir sie aufgehabt, aber gemacht hatte ich sie nicht. Erstens hatte ich gestern einen Scheißtag und zweitens hatte ich das Lehrbuch nicht. Ich hatte zwar einen Bücherzettel bekommen. Das waren Zettel, mit denen man kostenlos die Bücher beantragen konnte, für sozial arme Familien. Und dann gab es noch Bücher, die wir selbst bezahlen mussten, weil der Staat sie nicht bezahlte. Diese wurden dann vor Schulanfang verkauft in der Schule, wenn jeder seinen Bücherzettel abgab und die neuen Bücher für das nächste Schuljahr bekam. Sollte man das Geld „vergessen" haben, so konnte man sie in der ersten Schulwoche auch noch kaufen. Und genau das Buch hatte ich nicht. Bei Schäfers gab es immer Geldprobleme. Andererseits, hätte ich das Buch gehabt, hätte ich sie auch nicht gemacht, nach dem gestrigen Schultag. Ich muss aber auch sagen, mich aus dem Hort zu nehmen, war ein großer Fehler, der sich nun immer mehr rächte. Wegen 25 Mark im Monat. Im Hort wurde ich kontrolliert, hatte Hilfe. Ich war schulisch im Mittelfeld und hatte in der Woche eine warme Mahlzeit. Das alles fehlte jetzt. Der Lehrer fragte: „Klaus, hast du deine Aufgaben gemacht?" Er sah, dass ich verschämt dasaß. Kleinlaut sagte ich: „Nein, ich habe sie nicht gemacht." „Und warum nicht?", fragte Herr Richter weiter. „Weil ich das Buch nicht habe." „Dann musst du dich darum kümmern, das Buch zu bekommen, oder du musst es dir mal ausleihen. Hast du verstanden?" „Ja", gab ich zurück. Im selben Moment ging ein dummer Spruch durch den Klassenraum. „Oder du gehst in die Asche. Vielleicht findest du da ja dort eines." Wieder brauste ein Gelächter gegen mich auf. Und nun passierte etwas, das ich nie erwartet hätte. „Bernstein raus, du bleibst bis zum Ende der Stunde draußen", sagte der Lehrer. Der Junge konnte es gar nicht begreifen. Er fragte: „Wer? Ich?" „Ja, du!" Sofort war es im Klassenraum totenstill. Das hätten die anderen nicht gedacht, dass ein Lehrer auf der Seite des „Assis" war. Sie schauten überrascht und etwas beschämt auf die Schulbänke. Es hatte sich jemand für mich eingesetzt, für mich, den „Assi", das war unglaublich. Ich fühlte etwas, was ich schon lange nicht mehr kannte: Genugtuung, ich hatte einen Sieg davongetragen, aber nur eine kleine Schlacht gewonnen, denn den Krieg hatte ich verloren. Das wusste ich schon vorher. Sofort brach mein Siegesgefühl wieder in sich zusammen. Also ging ich zur nächsten Stunde mit gesenktem Kopf. Jetzt war der Gartenunterricht dran, der hatte mir eigentlich immer Spaß gemacht. Auf dem Weg zum Schulgarten überholte mich Bernstein: „Das bekommst du zurück, du Assi." Da war er wieder, der verlorene Krieg. Nach der Stunde ging es zur großen Pause auf den Hof. Dort verzog ich mich gleich, aus Scham und Hunger. Wie gesagt, Pausenbrot gab es selten bei mir. Ich wusste gar nicht, was Inge machte, ob sie eines hatte. Aber woher sollte es sein? Ich konnte sie nicht sehen auf dem Schulhof. Wir hatten versetzte Hofpausen wegen des Umbaus, der in der Schule stattfand. Die kleinen Klassen hatten zuerst Pause. Und ich hielt den Hunger aus, denn zur Not gab es Kartoffeln an der Bude. Oder ich hatte das Glück, dass Karin etwas zu essen machte. Was selten war und wenn, dann gab es meistens Mehlsuppe. Ich habe nicht gehungert, weil es nichts gab, das kann ich dem Staat nicht vorwerfen. Ich habe gehungert, weil die große Schwester nicht mit Geld umgehen konnte. Das war der Grund und nichts anderes. Ab dem Kinderheim musste ich nicht mehr hungern. Es gab dort ab und zu etwas zu essen, was nicht die Welt war, so musste ich nicht mehr hungern. Und was ganz wichtig war für mich: Es gab keine

Mehlsuppe mehr, das war schon ein großer Fortschritt.

Aber ich bin wieder vom Thema abgekommen …

Nach der großen Pause hatte ich noch Musik und Zeichnen bei Fräulein Heisch, die unsere Klassenlehrerin war. Zeichenzeug hatte ich nur einmal neu und vollständig, zum Schulanfang. Da ich es gewohnt war, nur gebrauchte Sachen zu haben, musste ich mir etwas einfallen lassen, um immer Malsachen zu haben, was ich auch tat. Also packte ich meinen Schulranzen so langsam wie möglich, damit ich immer der Letzte war, der den Klassenraum verließ. Das hatte auch einen Grund. Ich hatte gesehen, dass ab und zu die Schüler ihre Farbreste in den Papierkorb warfen. Weil sie neue Malsachen von zu Hause bekamen. Und manchmal wurden noch halb leere Tuben weggeworfen, was mir zugutekam. Ich hatte immer eine Plastiktüte bei mir für den Zeichenunterricht. Und ich muss sagen, ich kam mit den Resten, die die anderen wegwarfen, ganz gut hin. Aber dafür fehlte mir anderes Schulmaterial. Den Schultag hatte ich verhältnismäßig gut überstanden, bis auf den Vorfall in der Mathestunde. Das waren schon Ereignisse, die ich als Routine ansah, da jeden Tag etwas anderes passierte. Ich ging wieder alleine nach Hause in der Hoffnung, dass Karin da war und ich etwas zu essen bekam. Natürlich konnte ich mich nicht darauf verlassen,

aber hoffen war immer möglich. Und wenn es nichts gab, hatte ich ja immer noch meine Kartoffeln. Etwas Obst ließ sich in den Gärten bestimmt beschaffen. Wie gehabt, keiner war da. Entweder war Inge noch in der Schule oder schon wieder bei ihrer Freundin. Karin war wo auch immer. Das hieß, dass es heute Kartoffeln gab. Aber das Essen war mir jetzt nicht so wichtig. Ich musste erst einmal zur Sonja gehen, sie war eine kleine unscheinbare Mitschülerin. Von zu Hause bis zur Sonja waren es fünf Minuten. Dort angekommen, klingelte ich an der Tür und Sonja machte auf. Ich sah sie etwas verlegen an und fragte, ob ich mal ihr Mathebuch ausleihen könnte. Sie stimmte zu und ging es holen. Aus der Küche hörte ich, wie ihr Vater fragte, wer da sei und was ich wolle. Sie sagte, wer da war und was ich wollte. Da schrie er aus der Küche: „Das ist das letzte Mal, dass du etwas bekommst. Kauft euch die Bücher, ihr Assis, und lernt, mit Geld umzugehen."
Etwas beschämt kam Sonja zurück und gab mir das Buch. Es war nicht das erste Mal, dass ich mir von ihr etwas ausborgte. Und was hatte er gesagt? „Ihr Assis sollt lernen, mit Geld umzugehen." Das war genau das Problem in meiner Familie. Mutter und Karin konnten nicht mit Geld umgehen. Mit dem Buch in der Hand lief ich nach Hause, um dort die zwei Matheaufgaben zu machen. Dann konnte

ich sie am nächsten Tag Herrn Richter zeigen. Das war ich ihm schuldig, nachdem er sich für mich eingesetzt hatte. Die Aufgaben waren fertig. Ich wusste zwar nicht, ob sie richtig waren, da keiner da war, um sie zu kontrollieren, aber wenigstens hatte ich sie nachgeholt.

Und es war auch mir egal, ob sie richtig gelöst waren, der Wille zählte. Schnell ging ich zu Sonja, um das Buch wieder abzugeben, in der Hoffnung, dass ihr Vater nicht die Tür aufmachte, was Gott sei Dank nicht der Fall war. Wieder zu Hause angekommen, konnte ich noch nicht in meine Bude, denn ich hatte noch etwas anderes vor.

Ich wollte mir noch ein Hemd waschen, damit ich nicht am nächsten Morgen wieder aussah wie ein „Assi". Ich holte eine Schüssel mit kaltem Wasser und weichte das Hemd ein. Darauf schüttete ich IMI, ein scharfes Waschpulver. Ich fing an, das Hemd unter Wasser zu waschen. Es schäumte gewaltig, sodass ich es nicht mehr sah. Also kippte ich das Wasser weg und neues hinein. Das wiederholte ich mehrmals, bis das IMI vom Hemd verschwunden war. Ich wrang es noch schnell aus und hängte es auf die Leine. Ich war stolz auf mich und meine Sachen und würde ab jetzt immer selbst waschen, dachte ich. Es war Zeit, endlich etwas zu essen. Also ging ich in die Bude, machte Feuer und spießte eine Kartoffel auf. Ich klaute mir noch zwei

Äpfel aus dem Garten und aß sie. Nebenbei ließ ich noch einmal den Tag Revue passieren. Hm, was sollte ich im Winter machen? Diesen Gedanken schob ich erst einmal ganz weit weg. (Denn, dass ich im Winter nicht mehr hier sein würde, wusste ich noch nicht.) Gegen Abend ging ich nach Hause. Karin war da und wartete schon auf mich, denn sie wollte ja wieder um die Häuser ziehen.

Der nächste Morgen kam und ich machte mich fertig für die Schule. Eigentlich war es ein Morgen wie jeder andere, nur eines war anders. Mein Hemd war nun sauber, ich holte es von der Leine. Es sah zwar sauber aus, aber auch wie eine Ziehharmonika. Da ich nicht bügeln konnte, versuchte ich, die Falten auseinanderzuziehen, was nur etwas gelang. Egal, ich hatte ein sauberes Hemd, und es würde sich schon an den Körper anpassen, dachte ich. Wie jeden Morgen stellte ich mich am Fußweg an einen Strauch und wartete das Klingelzeichen ab. Dann ging ich wieder als Letzter in die Klasse. Ich wartete schon auf dumme Sprüche, hörte aber erst einmal nichts. Doch ich hatte mich zu früh gefreut. „Eh, ASSISCHÄFER, wo hast du denn das Hemd her? Oder hast du auf dem Strohboden geschlafen?" Ich steckte es so tief wie möglich in die Hose, damit es schön straff saß, aber trotzdem war es noch zerknittert. Nun hatte ich wieder etwas gelernt. Ein sauberes Hemd alleine reichte nicht. Ich würde heute Karin bitten, es zu bügeln. Wir hatten bei Fräulein Heisch Musik. Bevor sie anfing, sagte sie: „Bringt morgen bitte das Geld für die Klassenfahrt mit, 3,50 Mark. Wer es morgen nicht dabeihat, muss am Montag in eine andere Klasse gehen." Das konnte ja nur mich betreffen. Nur einmal war ich mit auf Klassenfahrt, in der ersten Klasse. Da war meine Mutter noch nicht im Bau. Viel vorgefallen war an diesem Tag nicht, außer der Sache mit dem Hemd. Zu Hause angekommen, war Karin zu meiner Verwunderung da. Es gab auch etwas zu essen, Nudelsuppe, immerhin keine Mehlsuppe. Und warm war sie auch noch. Ich fragte Karin, ob sie mir das Hemd bügeln würde. Sie bejahte meine Frage und fragte, wer das Hemd denn gewaschen habe. „Ich war es", sagte ich stolz. „Dann brauchst du nur noch bügeln zu lernen, dann kannst du deine Wäsche alleine machen." Wie ein Witz kam mir das nicht vor, was sie da sagte. Karin erfuhr von mir, dass wir am Montag Klassenfahrt hatten und ich morgen 3,50 Mark bräuchte. Ich hatte sie schon letzte Woche vorgewarnt, dass ich Geld brauchen würde. „Ich lege dir das Geld auf den Tisch, wenn ich nach Hause komme", bekam ich zur Antwort. Darüber etwas überrascht, fügte ich gleich hinzu: „Und für die Fahrt selbst brauche ich auch noch Geld, so eine oder zwei Mark." Sie sagte nichts und ich nahm an, dass alles seinen Gang gehen würde. Diesmal bekam ich noch Abendbrot, eine Schnitte mit Magarine und Leberwurst darauf. Am Abend ging sie wieder umherziehen. Inge war nicht da, manchmal hatte ich das Gefühl, dass sie nur zum Schlafen nach Hause kam. Meine Mutter war nun schon zwei Monate „eingefahren". Wir hatten Anfang Juni, und es war sehr heiß in diesem Sommer. Es wurde spät dunkel. Ich ging ins Bett, Sven schlief schon und Inge war noch nicht zu Hause. Am nächsten Morgen, wie immer das gleiche Spiel, alles war wie gehabt. Ich ging mich wie immer zuerst waschen und suchte dann das Geld von Karin, und siehe da, nichts. Das wäre ja auch ein Unding gewesen, wenn es dieses Mal geklappt hätte. Ich beschloss, mich fertigzumachen für die Schule, und weckte Karin. Ich zog an der Klinke, zu, also wieder einen abgeschleppt. Ich klopfte an die Tür, bis ich ein „Ja" hörte. „Karin, du hast vergessen, mir das Geld hinzulegen." „Das Geld bekommst du am Montag", antwortete sie. „Dann ist es aber zu spät." „Ach wo." Ich ließ es sein, weiter nachzuhaken, und ging zur Schule. Normalerweise ging ich immer Flaschen und Papier sammeln, wenn ich etwas brauchte. Aber das hatte ich mir abgewöhnt, als die Mutter mir mein Sparbuch aufgelöst hatte und ich keinen Pfennig zurückbekommen hatte. Am Samstag hatten wir um 12 Uhr Schulschluss. In der ersten Stunde bei Fräulein Heisch war Geld einsammeln angesagt. „Wo ist dein Geld, Klaus?" „Ich habe es vergessen und bringe es am Montag mit." „Geht nicht, dann ist es zu spät. Du meldest dich am Montag bei Frau Müller in der dritten Stunde in der Parallelklasse." „Prima", dachte ich, aber eigentlich wollte ich sowieso nicht mitfahren. Da wäre ich auch bloß alleine gewesen und hätte sehen müssen, was andere Kinder alles mitbekommen hatten. Es war für mich schon in Ordnung. Zur großen Hofpause (ich hatte sogar ein Pausenbrot mit, Margarine mit Leberwurst) hörte ich, wie jemand aus der Parallelklasse zu Bernstein sagte: „Eh, den ASSI nehmt ihr Montag mit, was sollen wir mit ihm machen?" „Mach doch, was du willst." Sie taten so, als wenn ich nicht anwesend wäre, sprachen laut, damit ich alles mitbekam. Dabei saß ich keine drei Meter entfernt auf einer Bank. „Warum", dachte ich, „warum will keiner mit mir etwas zu tun haben?" Ich blickte fragend zum Himmel hinauf, wartete auf eine Antwort, die ich nie bekam. Und warum war ich überhaupt auf der Welt. So nutzlos, keine Freunde, eigentlich war ich bloß auf der Welt, um gedemütigt und verachtet zu werden. Wenn ich das heute lese, wundere ich mich selbst, dass ich nicht versucht habe, mich umzubringen. Auf diesen Gedanken bin ich als Kind nicht gekommen. Und hätte ich die Gedanken gehabt, hätte ich nicht gewusst, wie. Andererseits muss ich sagen, hätte ich es getan, dann wäre mir sehr viel erspart geblieben in meinem weiteren Leben. Jetzt, wo ich es von einer anderen Seite sehe, beginne ich, den kleinen Jungen zu hassen, denn er hatte es in der Hand gehabt, sich von seinem Leiden zu befreien und hätte mir die anderen erspart.

Doch im Grunde hasste ich nicht den kleinen Jungen, sondern mich selbst.

Ich hatte in der Parallelklasse am Tag des Schulausflugs erst zur dritten Stunde Unterricht. Das bedeutete, dass ich erst um 9 Uhr zur Schule gehen musste. Doch mein Schlaf wurde um halb acht unterbrochen durch ein lautes Klopfen an der Tür. Ich konnte nicht sehen, wer das war, aber ich konnte hören, was gesprochen wurde. Eine Männerstimme fragte Karin, warum sie nicht auf der Arbeit erschiene. Daraufhin antwortete Karin, sie sei noch krankgeschrieben und sie wolle heute den Krankenschein noch vorbeibringen. Darauf sagte ein anderer Mann, sie könne den Schein gleich mitgeben und würde sich so einen Weg sparen. „Ich muss erst noch zum Arzt gehen, um einen neuen Schein zu holen", unterbrach Karin den Mann. Daraufhin gingen die Männer wieder weg. An diesem Tag sprachen mich in der Schule Karl und Helmut zu meiner Verwunderung auf dem Schulhof an: „Unternehmen wir wieder einmal etwas zusammen?" Ich wusste nicht so richtig, was das sollte. Hatten sie das im Ernst gesagt oder wollten sie mich nur „dumm" machen? Was soll's, dachte ich mir und sagte: „Warum nicht? An was habt, ihr denn gedacht?" „Wir könnten uns am Bahndamm eine Bude bauen", sprach Helmut. (Dass ich schon eine „Bude" hatte, verschwieg ich, und das war auch gut so.) Etwas verdutzt und überrascht sagte ich: „Ihr dürft also mit ASSIS und Verbrechern wieder spielen?" Die beiden sahen sich an und Helmut sagte: „Weißt du was, du bist wirklich ein „ASSI", dann eben nicht. Von diesem Zeitpunkt an ließen sie mich links liegen und sprachen nie mehr mit mir. Bis zum heutigen Zeitpunkt weiß ich nicht, ob sie es damals ernst gemeint hatten oder nicht. Und ich war weiter alleine.

Die richtige Entscheidung

Als ich so alleine durch die Gegend zog, kam mir die „Fischerbande" entgegen. Das waren zwei Brüder, Wolfgang und Jörg Fischer, zwei stämmige, große Jungs sowie zwei weitere Gestalten, die ich nicht kannte und die alle drei oder vier Jahre älter waren als ich.

Jeder, der hörte: „Die Fischerbande kommt", der konnte schon ahnen, dass da nichts Gutes im Anmarsch war. Sie terrorisierten alle in der Umgebung und waren die Chefs der Unterklassen in der Schule. Sich mit ihnen anzulegen, war keine gesunde Sache und man ließ es deshalb lieber sein. Früher, wenn sie auf dem Pausenhof auftauchten, übergaben alle freiwillig das Milchgeld. Das blieb mir erspart, ich hatte ja keines. Es hörte dann auf, als einige Väter auf dem Schulhof auftauchten, die sich die Brüder zur Brust nahmen. Wie gesagt, mit ihnen legte man sich besser nicht an. Sie waren berüchtigt dafür, Angst und Schrecken zu verbreiten. Jedenfalls liefen sie mir, oder anders gesagt, ich lief ihnen über den Weg. „He, Schäfer, was treibst du dich denn alleine herum?", fragte Wolfgang. „Nur so", gab ich zur Antwort. „Und wo sind deine Kumpels?" „Ich habe keine, bin fast immer alleine." „Wenn du willst, kannst du mit uns mitkommen." „Ich bei der Fischerbande?", ging es mir durch den Kopf. Als einer, der drei oder vier Jahre jünger ist? Andererseits hätte ich so keine Probleme mehr in der Schule, und ich hätte meine Ruhe. Andererseits wäre ich dann wirklich ein Verbrecher und würde den anderen nur bestätigen, was sie schon immer von mir dachten. „Ach nee, ich bleibe lieber alleine", gab ich zur Antwort. Und mir war nicht wohl dabei, als ich diese Antwort gab. Ich hatte der Fischerbande widersprochen, das konnte mit Dresche enden. „Das ist deine Entscheidung", sagte Wolfgang, und sie zogen weiter. Im Nachhinein war das eine gute Entscheidung, wie sich noch herausstellen sollte.

Und es kam, wie es kommen musste. Zwei Tage später wurde in einem Lager eingebrochen. Was darin war, weiß ich bis heute nicht. Ich erfuhr davon im Zeichenunterricht. Es klopfte an die Tür. Fräulein Heisch ging und öffnete. Dann war sie so circa 20 Sekunden lang draußen. Als sie wiederkam, sagte sie zu mir in ihrer sehr diskreten Art: „Schäfer, geh mal raus, die Polizei möchte dich sprechen." Das war natürlich ein gefundenes Fressen für die anderen. Ein ASSI, kommt aus einer Verbrecherfamilie und nun die Polizei, das passte doch zusammen. Ich ging raus, und draußen stand der „Rote Schneider", er war bei uns der ABV (Abschnittsbevollmächtigter, wie es damals hieß). Roter Schneider wurde er genannt, weil er rote Haare und viele Sommersprossen hatte. Nebenbei war er auch noch zu dick. Er war einer der Polizisten, der kleine Kinder mit dem Rad anhielt, um sie zu kontrollieren. Ob das Licht brannte oder die Klingel defekt war. Er hatte schon einmal 1976 beim Gartenfest am Zaun gehangen. Da wollte er für Ordnung sorgen, das klappte aber nicht. Die

Ungarn hingen ihn auf einen Eisenzaun. Wenn ein Gartenfest war, versuchten die Ungarn, den deutschen Jungs die Mädchen auszuspannen, um sie aufreißen zu können. Und wenn sich die Deutschen dagegengestellten, konnte man schon darauf warten, dass es zur Schlägerei kam. Jedenfalls ging der „rote Schneider" mit mir in einen leeren Klassenraum. Er ließ mich setzen und setzte sich gegenüber. „Wo warst du vor zwei Tagen abends um 21 Uhr?", fragte er mich. „Um die Zeit bin ich immer zu Hause", sagte ich. „Erzähl keinen Blödsinn. Jeder weiß doch, dass du dich immer bis spät in den Abend herumtreibst." Was nicht einmal gelogen war. Ab und zu, wenn Sven eingeschlafen war, zog ich mich an und ging noch einmal raus. Meistens zur Bude. Dort machte ich ein kleines Feuer an. Oder ich ging in die Gärten, um meinen Vorrat aufzufrischen. „Und du warst nicht mit den Fischer-Brüdern unterwegs? Ich sage dir, lüg mich nicht an, wir bekommen alles raus!" Jetzt wusste ich, warum es gut war, mich nicht mit der Fischerbande einzulassen. Sie hätten mich als Wachposten bei dem Einbruch gebraucht. Diesen Reim machte ich mir jedenfalls darauf. Ob sie es getan hatten, wusste ich nicht, und er auch nicht.

Bei solchen Vorfällen wurden erst einmal die auffälligen und die mit Namen bekannten ASSIS, also die sozial

Schwachen, und die, die schon etwas auf dem Kerbholz hatten, auf Verdacht vernommen. „Die anderen Verbrecher haben wir alle schon gefasst!" Ich wusste, dass er falschspielte, sie hatten nicht einen gefasst. Er war auf Dummenfang aus. Das konnte er ja versuchen. Der Schäfer aus der ASSI-Familie passte ja dazu. Vielleicht klappte es bei mir, und er hätte einen Volltreffer gelandet. „Wir haben auch Fingerabdrücke und Schuhabdrücke von euch gefunden. Also erzähl mir ja die Wahrheit, hast du mich verstanden?" Ich wiederholte meine Aussage. Selbst wenn ich gewollt hätte, was hätte ich ihm erzählen sollen? Da ich ihm nicht das sagte, was er hören wollte, öffnete er seine Diensttasche und holte einen schwarzen Stab, so dachte ich jedenfalls, heraus. „Wir können auch anders", sagte er. „Weißt du, was das ist?", fragte er mich. „Nee, keine Ahnung", gab ich zurück. „Damit prügelt man aus asozialen Elementen wie dir die Wahrheit heraus." Er zog den Stab auseinander, es war ein Teleskopschlagstock. Ja, Sie haben richtig gelesen, noch einmal zum Nachlesen: Er nannte mich ein „asoziales Element". Dann schlug er auf den Tisch und sah, dass ich Angst bekam. In den Moment dachte ich: „Jetzt bekommst du noch Dresche für etwas, was du nicht getan hast." Da er sah, dass ich Angst hatte, und die hatte ich ja nun wirklich, dachte er, ich würde alles gestehen. Aber ich blieb bei meiner Aussage. Das passte ihm natürlich nicht. Er schob den Stock zusammen, steckte ihn wieder ein und sagte zu mir: „Wenn du mich belogen hast, und davon gehe ich aus, dann Gnade dir Gott, mein Freund! Hast du mich verstanden?" „Ja", sagte ich. „Du kannst jetzt wieder gehen." Was hatte er gesagt? „Asozialen Elementen wie dir!" Jetzt hatte ich es amtlich, ich war ein ASSI! Ich ging in die Klasse, es war gerade Pause. Mir schlackerten die Knie und ich war sehr verängstigt. Das war meine erste Begegnung mit der Staatsmacht und ich wusste nun, was mir blühen würde, wenn ich etwas ausfressen sollte. Es war wie ein Schock, unter dem ich stand. Tagelang hatte ich immer noch Angst. Ich sah ihn vor mir, wie er den Schlagstock mit aller Gewalt und mit einem bösartigen Gesichtsausdruck auf den Tisch schlug. Zwei Mal wurde ich aus dem Schlaf gerissen. Ich hatte Albträume. In meinen Träumen sah ich immer wieder seinen bösartigen Blick und wie er auf mich zuschlug. Kurz bevor er mich traf mit dem Schlagstock, schreckte ich auf. Diese Begegnung mit dem „roten Schneider" hat mich noch jahrelang begleitet. Der „rote Schneider" war immer allgegenwärtig. Fast jeden Tag sah ich ihn auf der Straße. Immer wenn ich ihn erblickte, machte ich einen großen Bogen um ihn.

Was ich mir anhören musste, können Sie sich ja denken.
Auf dem Schulhof war ich Gesprächsstoff Nummer eins.
Da ich aber nach einer Woche immer noch zur Schule kam,
ließen sie von mir ab. Denn wenn ich es gewesen wäre,
dann hätten sie mich abgeholt. So dachten die meisten.
Aber ich schätze mal, es wäre auch genauso gekommen,
wenn ich es gewesen wäre.

Die Ferienarbeit

Es waren die letzten Tage vor den großen Ferien und es
gab Zeugnisse, bevor wir Kinder in die Ferien entlassen
wurden. Es kam, wie es kommen musste, ich wurde nicht
versetzt. Jetzt stimmte das Bild des ASSI, ich war sitzen
geblieben. Tja, nun hatte ich die Bestätigung, dass, mich
aus dem Hort zu nehmen, das Dümmste war, was Karin
hatte machen können.
Als ich das Karin sagte, bekam ich nur zu hören: „Nicht so
schlimm, dann machst du eben noch einmal die
Klasse." Das war nun das Resultat davon, dass sich keiner
um mich kümmerte. Da das neue Schuljahr,
beziehungsweise für mich noch einmal das gleiche

Schuljahr, noch weit weg war, dachte ich daran, was ich jetzt alles anstellen könnte in den Sommerferien. Ferienspiele waren nicht möglich, da kein Geld vorhanden war. Auch bei den zwei Klassenfahrten hatte ich ja nicht mitgekonnt, auch wegen des Geldes. Und ich musste dann immer in eine andere Klasse gehen. Aber das hatte ich ja schon erwähnt. Ich wollte eigentlich eine Ferienarbeit machen. Das durfte man 14 Tage lang, aber erst ab zwölf Jahren. Da ich keine zwölf Jahre alt war, wollte ich Gerd fragen, der schon eine Ferienarbeit hatte und mit dem ich mich einigermaßen gut verstand. Gerd war ein fauler Hund, er drückte sich immer, wenn es ging. Aber er war der Einzige, der mich so nahm, wie ich war. Und es war ihm auch egal, dass die Mutter und meine Schwester schon einmal gesessen hatten beziehungsweise noch saßen. Er wollte ja mit mir etwas unternehmen und nicht mit meiner Mutter oder Schwester. Einmal nahm ich Gerd mit in meine Bude, und wir unterhielten uns über Mädchen. Gerd fragte, ob ich schon einmal ein nacktes Mädchen gesehen hätte. Was ich natürlich verneinen musste. Gerd hatte eine Stiefschwester und weiß der Teufel, was er mit ihr so alles trieb. Am nächsten Tag brachte er sie mit zur Bude. Sie hieß Monika, war etwas größer als ich und dreizehn Jahre alt. Gerd fragte mich: „Möchtest du mal ein nacktes Mädchen sehen?" Ich war etwas erschrocken und wusste nicht, was Gerd vorhatte. Ich sagte Ja. Gerd rief Monika, die draußen stand, rein. Sie sah sich gerade die Kühe an.

Er sagte zu Monika: „Zeig mal Klaus, was du hast ..." Monika zierte sich etwas. „Na los, lass dich nicht bitten!" Also tat sie es, hob ihren Rock hoch und zog ihre Unterwäsche ganz schnell nach unten und wieder hoch, sodass ich fast gar nichts sehen konnte. „Na, das war wohl nichts", sagte Gerd, „zeig es uns noch einmal, aber etwas länger." Sie tat es wieder, und diesmal zog sie die Unterwäsche für ungefähr drei oder vier Sekunden nach unten. Ich sah, dass sie schon eine leichte Schambehaarung hatte. Davon war ich noch weit entfernt. Ich wurde leicht rot und verlegen. Das war meine erste Begegnung mit dem weiblichen Geschlecht. Zwei Minuten später kam der Förster und fragte, was wir hier so trieben. „Nichts weiter, wir sitzen hier bloß herum", sagte ich. „Aha", sagte der Förster, „und macht mir keinen Blödsinn, habt ihr verstanden?" Wie aus der Kanone geschossen sagten wir alle drei Ja. Der Förster war zufrieden und ging über die Kuhweide seiner Wege. Nachdem die Sache mit Monika überspielt war, fragte ich Gerd, ob er mich nicht mit zur Ferienarbeit nehmen würde. „Na klar", sagte er, „aber nur eine Woche. Denn ich muss dir ja Geld von mir geben. Von dem, was ich verdiene." „Und glaubst du, dass es nicht auffällt?" „Ach woher denn … Wir treffen uns am Montag um 8 Uhr am Bad." „Klar", sagte ich und sah zu, wie Gerd und Monika „mein" Wäldchen schnell verließen, da die Kühe angerannt kamen. Ich freute mich, dass es geklappt hatte. Und dann auch noch im Freibad. Etwas Besseres hätte mir gar nicht passieren können. Nach der Arbeit kostenlos baden. Wie abgesprochen stand ich um 8 Uhr vor dem Bad und sah auch Gerd kommen. Wir meldeten uns beim Bademeister an. Da dieser nicht wusste, wie viele Schüler bei ihm arbeiten würden, nahm er an, dass alles seine Richtigkeit hatte. Denn die Arbeitsverträge wurden nicht im Bad unterschrieben, sondern beim Stadtrat. Der Bademeister teilte uns ein und sagte, was zu machen war. Das Laub musste vom Rasen geharkt und die

Rücklaufrinnen der Schwimmbecken mussten sauber gemacht werden. Wir kamen gut voran. Der Bademeister war zufrieden und nach vier Stunden war fast alles fertig. Denn Schüler durften nicht länger als vier Stunden am Tag arbeiten. Wir sprangen nach der Arbeit ins Becken und blieben noch zwei Stunden im Bad. Und so verging die Woche. Der letzte Arbeitstag war für mich gekommen, denn länger durfte ich nicht arbeiten. An diesem Tag mussten Kanäle für die Haupthähne gesäubert werden. Ich hob den Deckel an, bis er senkrecht stand, und holte den Dreck mit der linken Hand aus dem Kanal. Mit der rechten Hand hielt ich den Deckel. Als ich wieder raus wollte, rutschte mir der Deckel ab und krachte auf den Kanal. Da lag er dann so, wie er eigentlich auch liegen musste. Ich war zufrieden und ging zum nächsten Kanal. Keine drei Meter weiter merkte ich einen Schmerz an der linken Hand. Ich wollte sehen, was mit der Hand los war. Als ich sie hochhob, um mir die Sache anzuschauen, schoss ein riesiger Blutstrahl aus dem linken Mittelfinger. Was war geschehen? Als mir der Kanaldeckel aus der Hand gerutscht war, war er auf meine linke Hand gekracht beziehungsweise auf meine Finger. Ich hatte davon nichts bemerkt, da das Blut erst einmal zurückgestaut worden war und die Finger kurzzeitig betäubt waren. Nun schoss das Blut mit aller Macht aus den Fingern heraus. Jetzt wurde mir klar, was geschehen war. Ich schrie vor Schmerzen und wusste nicht, wohin ich gehen sollte. Der Bademeister musste mich einfangen. Er rief den Notarzt, der auch nach zehn Minuten erschien. Der Notarzt gab mir eine Spritze und legte einen Verband an. Ich musste ins Krankenhaus, wo ich genäht wurde. Der Mittelfinger konnte nicht ganz gerettet werden, da die Mittelfingerkuppe durch die Eisenplatte abgeschoren worden war und vermutlich noch im Kanal lag. Also musste der Finger oben zugenäht werden. Der Ringfinger war so gesehen besser dran. Meine Fingerkuppe hing noch an einem Stückchen Fleisch und konnte angenäht werden. Nach einer Woche wurden schon die Nähte gezogen, und das Leben ging weiter. Ich dachte: „Warum immer ich? Das passt voll zu mir." Natürlich hatte Gerd Ärger bekommen, aber den größten Ärger bekam der Bademeister. In der Woche, in der ich den Verband hatte, wurde ich einigermaßen von Karin versorgt. Sie sagte mir, Gerd müsse das Geld noch auszahlen, das mir zustehe. Daher wehte also der Wind. Karin war wieder oder immer noch pleite. Dass sie schon wieder nicht arbeiten ging, wusste ich nicht. Es konnte ja sein, dass sie wieder einmal krankgeschrieben war. Aber sie musste dennoch die laufenden Kosten bezahlen wie immer. Da musste der Kindergarten, das Licht und Wasser bezahlt werden und natürlich auch die Lebensmittel. Ende Mai wurde schon einmal für zwei Wochen der Kuckuck auf den Stromzähler geklebt, da sie den Strom nicht bezahlen konnte. Es war nicht wie heute üblich, dass das Geld vom Konto abgebucht wurde. Die „Stromfritzen" kamen, um den Zähler abzulesen und das Geld einzutreiben. Konnte jemand nicht bezahlen, so kamen sie ein zweites Mal. Wer beim dritten Mal immer noch nicht bezahlen konnte, dem wurde der Strom abgeschaltet. Der Stromkasten wurde verplombt, sodass man keine Sicherung mehr reindrehen konnte. Bei einem Strompreis von 8 Pfennigen pro Kilowattstunde war das kein Geld, zumal wir nicht viel Strom verbrauchten. Kein Fernseher, kein Radio, kein

Kühlschrank usw. Da konnte es sich höchstens um 10 Mark handeln. Aber selbst die waren nicht vorhanden. Sie brauchte ja noch Zigaretten. Na ja, kurz und gut, nie reichte das Geld, das sie bekam. Inge hatte sich auch eine Ferienarbeit gesucht, und Karin wusste, dass Inge ihr nicht einen Pfennig geben würde. Also sie hoffte auf Gerd ... Gerd hatte für die zwei Wochen Ferienarbeit 185 Mark bekommen. Ich bekam 90 Mark von Gerd. So viel Geld hatte ich noch nie gehabt. Das Erste, was passierte, war, dass Karin das Geld nahm, um es zu verwalten, wie sie sagte. Sie ging erst einmal einkaufen: etwas Leberwurst, Jagdwurst, ein Brot, Margarine und Eier. Natürlich auch Zigaretten. Und das alles war ja so teuer, sie hätte schon 50 Mark bezahlen müssen. Die 5 Mark, die ich mir gesichert hatte, waren gut versteckt. Damit ich wenigstens etwas von meinem Geld behalten konnte. Mir wurden die Nähte gezogen. Es sah schlimmer aus, als es war. Anfang Mai wurden bei uns Abwasserrohre gelegt und die Bauarbeiter hatten ihre Unterkünfte, sprich Container auf einer Wiese. Von den acht Wochen Sommerferien waren nun zweieinhalb Wochen verstrichen. Da die Verletzung nun Geschichte war, trieb ich mich immer bei den Bauarbeitern herum. Ich schaute ihnen zu, wie sie die Rohre verlegten. Eines Tages, ich war wieder da, um zuzusehen, sagte ein Bauarbeiter: „He, Junge, möchtest du dir ein paar Pfennige verdienen?" „Na klar doch", sagte ich. „Geh doch mal für uns in den Konsum und hole uns etwas zu trinken." Gesagt, getan. Von da an ging ich immer früh auf die Baustelle und fragte, ob sie etwas brauchen. Und es war immer einer dabei, der etwas brauchte. Dann war ich meistens mit im Pausenraum, zum Frühstück oder mittags, und fasste da oder dort immer eine Schnitte und ein paar Groschen ab. Leider waren die Arbeiten bald fertiggestellt, nach eineinhalb Wochen, und die Bauarbeiter zogen wieder ab … „Was mache ich jetzt?", fragte ich mich. Den ganzen Tag in die Bude gehen wollte ich nicht. Da kam mir die Idee, etwas Sport zu machen. Ich suchte mir eine Strecke aus, die ich laufen konnte. Nach meiner Schätzung waren dies ungefähr drei bis vier Kilometer. Eine Armbanduhr besaß ich nicht, also stoppte ich die Zeit mit der Turmuhr. Immer wenn volle fünf Minuten herum waren, rannte ich los und stoppte die Zeit, wenn ich die

Runde beendet hatte. Das machte ich drei Mal am Tag.
Und stellte fest, dass ich immer besser wurde. Ich war
sogar etwas stolz auf mich. Den Sport trieb ich so eine
Woche. Dann hatte ich keine Lust mehr dazu und hörte mit
dem Sport auf. Ich hatte mir vorgenommen, den Sport
später wiederaufzunehmen. Ich verzog mich eine Woche
lang in meine Bude oder suchte in der Asche nach Teilen
für mein Fahrrad. Es fehlten noch ein Schutzblech, ein
Gepäckträger, eine Klingel sowie die Beleuchtung. Wie
gesagt, mein Fahrrad wurde nie fertig, da ich die fehlenden
Teile nicht in der Asche finden konnte. Ich konnte zwar
fahren mit dem Rad. Aber wenn der „Rote Schneider" mich
erwischt hätte, wäre das ein gefundenes Fressen für ihn
gewesen. Und die Chance wollte ich ihm nicht geben.
Nachdem ich beziehungsweise Karin Geld bekommen
hatte, gab es einmal eine Woche lang immer etwas zu
essen. Die restlichen Ferientage (ich konnte sie nicht alle
nutzen, da die Katastrophe über mich hereinbrach) war ich
Selbstversorger. Denn es war Sommer und die Gärten
gaben so einiges her. Birnen, Äpfel, Erdbeeren, Radieschen,
Kohlrabi und dies und das … Kurz und gut, ich hatte in

dieser Zeit nicht hungern müssen dank der Kleingärtner ...
Natürlich schäme ich mich heute dafür, ehrlich, aber die
Not war groß. Die Zeit verflog im Nu, und ich hatte nicht
einmal bemerkt, dass ich die ganze Zeit allein verbrachte.
Außer die erste Woche, als ich arbeiten war. Noch zwei
Wochen Ferien standen mir bevor.

Herr Förster und die Kohlen

Es war an einem Montag und ich wollte wieder auf die
Pirsch gehen. Es muss so um 9 Uhr gewesen sein, da sah
ich einen Kohlenhaufen am Rande der Straße liegen. Straße
konnte man eigentlich nicht sagen, es war nur ein normaler
Weg ohne Befestigung. Das hieß: Bei Regen lief man im
Schlamm. Na ja, egal, jedenfalls wollte ich wissen, wer die
Lieferung bekommen hatte. Und da sah ich schon den alten
Herrn Förster aus dem Hof kommen mit einer Schubkarre.
Da wir nur Gassen hatten, die so zwei bis drei Meter breit
waren, konnte man von der Hauptstraße nicht
hineinfahren. „Hm", dachte ich, „etwas Besonderes hast du
ja nicht vor." Eigentlich wollte ich zur Asche gehen. In der
Hoffnung, dass ich etwas für mein Rad finden würde. Das
konnte ich auch noch später machen. Also fragte ich Herrn

Förster, ob ich ihm helfen könne. Er und seine Frau waren weit über sechzig Jahre alt. Kurze Unterbrechung: Ich muss ein Helfersyndrom haben. Deswegen wollte ich genau wissen, was man unter einem Helfersyndrom versteht. Also machte ich mich im Internet auf die Suche und fand dann das:

Helfersyndrom:
Darunter versteht man eine bestimmte psychologische Einstellung. Sie betrifft die Menschen, die einen Großteil ihres Selbstwertgefühls daraus beziehen, dass sie anderen helfen. Sie stellen deren Bedürfnisse über die eigenen und geben häufig mehr, als sie bekommen. Dafür erwarten sie dann Dankbarkeit und Anerkennung. Häufig drängen sie ihren Mitmenschen ihre Hilfe auch auf und übersehen dabei ihre eigenen körperlichen Grenzen.
Quelle:
www.idee-fuer-mich.de/helfersyndrom-die-sucht-gebraucht-zu-werden-1261.html

Als ich das las, „schlief" mir das Gesicht ein. Das, was ich da las, traf beziehungsweise trifft komplett auf mich zu. Auch heute bin ich noch so, was einige Mitmenschen bestätigen können. So, wo war ich stehen geblieben?

Ach ja, Herr Förster.

Er sagte zu mir: „Das ist sehr nett von dir, aber es ist zu schwer für dich, die Schubkarre zu fahren." „Kein Problem", sagte ich, „dann mache ich sie nur halb voll." Er stimmte erleichtert zu und war froh, dass er Hilfe bekam: „Gut, ich gehe in den Keller und mache da Platz für die Kohlen, und du fährst sie zum Kellerfenster." „Alles klar", gab ich zurück. Also knallte ich die Karre voll Kohlen und nicht bloß halbvoll wie abgemacht (siehe Helfersyndrom) und fuhr zum Kellerfenster. Der Weg vom Kohlenhaufen bis zum Kellerfenster war bestimmt dreißig bis vierzig Meter lang. Auf halber Strecke merkte ich, dass ich ganz schön zu tun hatte bis ans Kellerfenster. Herr Förster kam gerade aus dem Keller. „Junge, du sollst doch die Karre nicht so vollmachen!" „Ja, mache ich auch nicht mehr", gab ich zurück. Dann kam Frau Förster aus dem Haus und sagte: „Schön, dass du uns hilfst, aber wir können dir nicht viel Geld geben, da wir nur eine kleine Rente haben."

Ich wollte das gar nicht hören und gab zurück: „Frau Förster, das mache ich doch gerne und nicht des Geldes wegen." Was ja nun auch nicht gelogen war. Es war so um 12 Uhr und die Hälfte des Kohlenhaufens war schon weggefahren. Denn ich arbeitete wie ein Ochse mit der

Karre. Frau Förster rief: „Komm, wir machen jetzt Mittag." Damit hatte ich nun gar nicht gerechnet. Sie hatte Bratkartoffeln mit Spiegelei gemacht, was gut schmeckte. Aber ich muss auch sagen, dass ich einen tierischen „Knast" hatte durch die Arbeit. Und ich aß den Teller, der sehr voll war, komplett leer. Lesern, die mit dem Ausdruck „Knast" nichts anfangen können, möchte ich mitteilen, dass das ein Wort für Hunger war beziehungsweise noch heute ist, bei uns in der Gegend. Nebenbei erfuhr ich, dass es sich um achtzig Zentner Kohlen handelte. Ein Zentner hat fünfzig Kilogramm, also waren es viertausend Kilogramm, die gekarrt werden mussten. Nach der Mittagspause, die circa dreißig Minuten gedauert hatte, ging es dann weiter. Ich hatte so gegen 15 Uhr die letzte Karre beladen und musste nur noch den Kohlendreck zusammenkehren. Ich stellte die Karre ab und gab Herrn Förster, der im Keller war, Bescheid, dass es die letzte Karre sei und der Kohlendreck auch schon fortgefahren war. Herr Förster kam, so wie mir schien, erleichtert und froh darüber, dass wir fertig waren, aus dem Keller. Frau Förster kam heraus und gab mir 3 Mark. „Ist das genug oder willst du mehr Geld?" Da sie mir ja berichtet hatte, dass sie nur eine kleine Rente hatten, gab ich mich zufrieden. Sie bedankten sich bei mir und räumten noch etwas auf. Ich sah aus wie der

Kohlen Munk-Peter aus dem Märchen „Das kalte Herz".
„Hm, was nun?", dachte ich. Waschen musste ich mich so
oder so. Also beschloss ich, auf die Gefahr hin, dass mich
der „Rote Schneider" erwischte, mein Rad zu nehmen und
an den Kanal zu fahren, um zu baden. Das war ein
öffentlicher Naturbad. Und so ging mein Tag zu Ende.

Das Drama nahm seinen Lauf

Am nächsten Morgen, so gegen 10 Uhr, sagte Karin, dass
wir heute zu ihrer Freundin gehen würden, um dort zu
schlafen. Ich sollte nicht zu spät nach Hause kommen, da
wir um 16 Uhr losgehen wollten. Ich freute mich, dass ich
mal Abwechslung hatte. So zogen wir gegen 4 Uhr
nachmittags los. Es war nicht einmal weit. Nach
fünfundzwanzig Minuten waren wir schon da. Ihre
Freundin hatte auch zwei Kinder, drei und sechs Jahre alt,
und auch ohne Vater wie Sven. Irgendwie hatte ich das
Gefühl, dass es hier noch schlimmer aussah als bei uns. Die
Kinder waren dreckig und kratzten sich die Haut auf. Die
Ursache hierfür erfuhr ich vier Tage später an mir selbst.
Gegen 7 Uhr abends gab es etwas zu essen für die Kinder.

Gewaschen wurden sie nicht, so kam es mir jedenfalls vor. Was mich nicht weiter interessierte. Ich selbst wusch mich im Hof. Da es Sommer war und dazu noch sehr warm, kam mir eine kleine Dusche, die ich im Hof nahm, gerade recht. Ich selbst hatte nichts zu essen, aber gewaschen wurde ich zu Hause immer. „Karin und ich gehen noch einmal aus, und ihr geht dann ins Bett. Klaus passt auf, dass alles in Ordnung geht", sagte ihre Freundin. „Wo sollen wir schlafen?", war meine Frage. „Sven und René schlafen zusammen in einem Bett, Klaus und Jörg in dem anderen." Gesagt, getan. Mitten in der Nacht wurde ich wach, etwas Warmes war zu spüren. Es war das, was ich dachte: Jörg war Bettnässer. Und das passierte jede Nacht in den sechs Tagen, die wir da waren. Ich ekelte mich so sehr, dass ich mich in einen Sessel setzte und einschlief. Am nächsten Morgen nahm ich erst einmal eine Dusche auf dem Hof. Um mir den Gestank abzuwaschen mit Seife. Ich dachte, wir schlafen nur eine Nacht hier, aber es sollten die restlichen Ferientage werden, so wie Karin es plante. Warum, erfuhr ich dann später. Der Plan schlug fehl, wie Sie gleich zu lesen bekommen. Jörg machte in jeder Nacht ins Bett, was aber seine Mutter nicht weiter kümmerte. Sie hing jeden Tag das Bettlaken auf die Leine und wechselte es alle drei Tage. Da mich das anekelte, stellte ich mir die Sessel zusammen, um dort zu schlafen. Karin und ihre Freundin gingen jeden Abend aus. Anscheinend hatten sie zwei dumme und notgeile Kerle am Wickel, was ich ja damals nicht wusste. Karin brachte Sven nicht früh in den Kindergarten, sondern nach dem Frühstück so gegen 9 Uhr. Abholen durfte ich ihn. Tagsüber ging jeder seiner Wege, ich jedenfalls. Ich ging mal baden, in die Bude oder auf die Asche. So ungefähr nach drei oder vier Tagen begann meine Haut zu jucken. Ich fing an, mich blutig zu kratzen. Bei Sven fing es zwei Tage später an. Das zeigte ich Karin. Sie meinte nur, das sei wohl eine Allergie. Komisch, dachte ich so, die anderen zwei von der Freundin waren wohl auch allergisch? Wenn ich baden war, juckte es nicht so sehr, also ging ich viel ins Wasser. Jetzt fing es bei Karin und ihrer Freundin auch an, die Haut wurde langsam rot. Aber das Problem war schnell geklärt. Im Kindergarten war eine Impfung angesagt. Welche auch immer. Am nächsten Morgen, als Karin wieder Sven abgeben wollte, wurde sie schon empfangen. Denn zu Hause hatte man sie nicht gefunden, da sie bei der Freundin schlief. Erst Jahre später konnte ich mir einen Reim darauf machen. Karin ging wie immer nicht arbeiten, was ja unter Strafe stand. Zu Hause konnte man sie nicht antreffen. Also machten sich die Behörden kundig, wo sie Karin abfangen konnten. Sven sollte an dem Tag, als Karin „eingefangen" wurde, geimpft werden. Der Arzt stellte bei der Impfung Krätze fest, was natürlich sofort den Bezirksarzt auf den Plan gerufen hatte. Sven und ich wurden nach Gera gefahren zur Untersuchung. Und die zwei Kinder von der Freundin wurden ebenfalls „eingeflogen". Auch ich hatte die Krätze. Der Arzt machte bei mir eine kleine Eiterblase auf und ließ den Inhalt auf ein kleines Holzpaddel laufen. Das legte er dann unter ein Mikroskop. „Möchtest du mal durchschauen?", fragte er mich. Ich bejahte und sah hindurch. Was ich da sah, konnte ich kaum glauben. In meinem Eiter bewegte sich etwas. Es waren kleine Tiere, Milben. Und die hatten ich und Sven am ganzen Körper. Die Krätze war meldepflichtig wie der Tripper. Jetzt ging das Theater los. Der Kindergarten musste geschlossen werden. Alle Kinder wurden daraufhin untersucht, ob sie sich angesteckt hatten. Da sich bei Sven die Krätze erst im Anfangsstadium befand, hatte er keinen anstecken können, weil er sich noch nicht kratzte. Und zum Glück wurde das auch bestätigt. Aber da ich mich ja schon blutig kratzte, sollte ich sagen, mit wem ich tagsüber zusammen war. Das war ganz leicht zu beantworten, mit keinem. Das konnten sie erst gar nicht glauben, dass ich immer allein war, aber es war so. Und ich musste den Ärzten erzählen, was ich so die letzten Tage gemacht hatte und ab wann ich angefangen hatte, mich zu kratzen. Sie wollten sichergehen, dass ich wirklich keinen Kontakt zu anderen gehabt hatte … Jahre später erfuhr ich, dass Karin und ihre Freundin angeben mussten, mit wem sie sich abends herumgetrieben und mit wem sie Sex gehabt hatten. Ich glaube, da mussten sich wohl etliche melden … Die Krätze verbreitet sich wie der Tripper, durch Körperflüssigkeiten. Ich hätte die Krätze durch das Blut und den Eiter übertragen können. Unser Haus sahen wir nicht mehr. Karin und ihre Freundin waren weg vom Fenster wegen asozialen Verhaltens. Inge wurde zu Hause abgeholt und wir Kinder kamen nach Gera ins Kinderheim. Helga wurde auf der Arbeit benachrichtigt, sodass sie sich um das Haus kümmern konnte. Aber vorher mussten Sven und ich ins Krankenhaus nach Gera, in die Abteilung für schwere Hautkrankheiten. Welche natürlich abgeschirmt wurde. Sven lag drei und ich so fünf Wochen im Krankenhaus. Wir wurden mit Salben und heißen Schwefelbädern behandelt, bis auch die letzte Milbe verschwunden war. Das kann ich bis heute nicht vergessen. Was mir meine Schwester angetan hat. Ich lag dort mit drei erwachsenen Männern auf einer Station.

Der liebe Onkel

Einer war immer freundlich zu mir, kaufte mir mal eine Cola oder eine Tafel Schokolade im Krankenhauskiosk. Warum er so freundlich war zu mir, konnte ich nicht ahnen, aber bald wusste ich es. Ich lag nun schon einundzwanzig Tage im Krankenhaus. Es muss Mitternacht gewesen sein. In dieser Nacht wurde ich wach, nicht, weil ich nicht schlafen konnte, nein, sondern weil ich

merkte, wie jemand an meinem Geschlechtsteil rumspielte.
Ich wusste sofort, wer es war: der „liebe Onkel", der mir
immer etwas kaufte. Jetzt hätte ich schreien können, um die
Krankenschwester zu holen oder ich ließ es einfach über
mich ergehen.

Ich hatte nur einen Gedanken: „Warum, warum musste ich
die ganze Scheiße der Welt abbekommen?" Mir blieb nichts
erspart, aber auch gar nichts ... Ich musste hungern, allein
spielen, mich als ASSI bezeichnen lassen, holte mir die
Krätze und jetzt musste ich mich von einem Dreckschwein
von Kinderficker befummeln lassen.

Und genau das ging mir durch den Kopf ... Aber ich tat
weder das eine noch das andere. Also drehte ich mich auf
den Bauch und tat so, als wenn ich mich ganz normal im
Schlaf drehen würde. Er ließ dann gleich von mir ab und
schlich wieder in sein Bett, um nicht erwischt zu werden.
Am nächsten Tag tat er so wie immer, als wenn nichts
gewesen wäre. Was sollte ich jetzt machen?

Um zur Schwester zu gehen, war es zu spät. Da hätte ich in
der Nacht schreien müssen, um die anderen Männer zu
wecken. Dann wäre er hundertprozentig überführt

worden. Und geglaubt hätte mir dann auch keiner. Also ließ ich es sein. Seit jener Nacht schlief ich immer ganz unruhig und war sehr lange wach. Wenn er es ein zweites Mal versuchen sollte, so hatte ich mir vorgenommen, würde ich so laut schreien, dass die anderen Männer auch wach würden. Aber es passierte in den letzten Wochen, die ich dort noch war, nichts. Wenn ich mich heute daran erinnere, denke ich mir so: Wenn man ihn erwischt hätte, dann hätte er bestimmt angegeben, dass er eine schwere Kindheit hatte, was Frau Baumann mir ja auch einreden wollte …

Aber das hätte zu DDR-Zeiten nichts genutzt, da wurden solche Menschen hart bestraft. Nicht wie heute …

Aber weiter im Text. Nachdem ich aus dem Krankenhaus entlassen worden war, kam ich sofort ins Heim. Inge war dort nun schon fünf Wochen, da sie von der Krätze verschont geblieben war. Im Heim wurden wir nochmals getrennt. Sven kam in ein Heim für Kleinkinder. Inge und ich blieben zusammen. Ich hatte also wieder in die Scheiße gegriffen. Womit hatte ich das alles verdient? Im Heim angekommen, begrüßte mich und Inge Direktor Bayer persönlich offiziell. Er sprach in seinem Büro mit uns. Das Erste, was er sagte, war, dass Ausreißen keinen Zweck habe, da die Kinder, die es bis dahin versucht hatten, immer wieder eingefangen wurden. Und dafür gab es eine schwere Strafe „Benehmt euch anständig und ihr habt es gut hier. Solltet ihr Probleme haben, so könnt ihr mich jederzeit ansprechen." Nun war ich also im Heim angekommen. Und alles nur, weil meine Mutter, meine Schwester und das Jugendamt oder der Staat versagt hatten. Lassen Sie mich bitte hier erst einmal unterbrechen. Ich weiß, es liest sich so unglaublich, aber es ist alles wahr. Denn ich könnte mir denken, dass jetzt viele von Ihnen, die bis hierher gelesen haben, sagen: „So etwas gab es doch nicht in der DDR." Und dass Sie etwas misstrauisch geworden sind, genauso wie meine Therapeutin, die mir diese Geschichte auch zuerst nicht glaubte. Als ich sie fragte, ob sie mir glaube, erwiderte sie sofort: „Jedes Wort." Einen Scheißdreck hat sie mir geglaubt. Ich habe es sofort gemerkt. Scheinbar musste sie das aber sagen, vielleicht hatte es mit ihrem Beruf zu tun. Genauso wie sie immer alles ins Positive wenden musste, um ihre Patienten aufzubauen. Und wissen Sie, woran ich das gesehen habe? An ihrer Mimik. Immer wenn sie etwas herunterspielte, verherrlichte oder mit etwas nicht einverstanden war, aber gute Miene zum bösen Spiel machen musste, hatte sie diesen Gesichtsausdruck, den ich nicht beschreiben kann. Und genau diesen hatte sie auch wieder, als ich sie fragte, ob sie diese Geschichte glauben würde. Das hatte ich doch herausgefunden, im Laufe der Zeit. Da ich nun wusste, dass ich für sie unglaubwürdig war, musste ich mir etwas einfallen lassen, um sie vom Gegenteil zu überzeugen. Also setzte ich alle Hebel in Bewegung, um noch Papiere aus jener Zeit zu finden. Ich nahm Kontakt mit dem Kinderheim auf, hatte jedoch keinen Erfolg. Mir wurde gesagt, dass es nach so vielen Jahren sehr schwer sei, noch etwas zu finden. Genau das dachte ich mir auch. Sie gaben mir aber den Rat, mich mit dem Jugendamt in Gera in Verbindung zu setzen. Da alle Akten immer an das Jugendamt gingen. Das war vielleicht meine Rettung. Also rief ich dort an, natürlich ohne Ergebnis. Akten werden oder wurden nach zehn Jahren vernichtet. Was sollte ich nun machen? Ich musste einen Beweis aufbringen, um meine Glaubwürdigkeit wiederherzustellen! Das konnte ich nicht auf mir sitzen lassen. Ich musste zu einem Ergebnis kommen. Dann kam ich aus Verzweiflung auf die Idee, das Jugendamt in Eisleben zu kontaktieren. Viel Hoffnung machte ich mir nicht, da mir schon die anderen Stellen bestätigt hatten, was ich schon geahnt hatte. Nämlich, dass die Akten vernichtet wurden. Aber ich rief trotzdem an. „Ich glaube nicht, Herr Schäfer, dass wir da noch etwas finden werden", sagte mir eine freundliche Stimme auf der anderen Seite der Leitung. „Na gut, danke für die Auskunft, einen Versuch war es wert", antwortete ich. „Aber Sie können mir Ihre Mailadresse geben, vielleicht finde ich ja noch etwas, das kann aber ein paar Tage dauern." So gab ich ihr meine Adresse, mit einem letzten Funken Hoffnung, und bedankte mich. Da stand ich nun, mit meiner Unglaubwürdigkeit. Was tun? Ich hatte keinen Plan. „Zum Kotzen", dachte ich. Die Therapie machte ich weiter, aber mit einem ungutem Gefühl. Denn ich wusste, dass Frau Baumann mir nicht glaubte. „Wenn sie mir nicht glaubt, was sie ja nicht zugab, warum setze ich mich hier noch hin?" Es musste eine Lösung her, welche war egal. Nach einer Woche dachte ich: „Wenn dir sowieso keiner die Geschichte abnimmt, dann kann ich die Therapie auch abbrechen. Und abwarten, was dann noch passiert." Denn jeden Tag mit einem schlechten Gefühl herumlaufen wollte ich auch nicht. Ich ging mit einem schlechten Gewissen ins Bett und stand mit einem schlechten Gewissen wieder auf. Ich hatte das Gefühl, dass alle denken, ich hätte sie verascht. Ich wollte nicht, dass Sabine auch so von mir dachte und dass die ganze Arbeit, die sie mit mir hatte, umsonst war. Bei der nächsten Sitzung wollte ich Sabine Bescheid geben, dass das die letzte sei. Denn ich wusste, dass sie mir nicht mehr vertraute. Da war diese Entscheidung wohl die beste für mich. Ich sah die Sitzungen nicht mehr als akzeptabel an. Aber ich bekam unverhofft eine Mail von einer gewissen Frau Vogel. Ich konnte zuerst gar nichts damit anfangen. In der Nachricht stand, ich solle doch bitte eine Kopie meines Personalausweises machen und sie ihr senden. Denn sie hätte doch noch etwas gefunden im Archiv. „Mensch", dachte ich, „das Jugendamt in Eisleben ist meine Rettung." Nach zwei Tagen bekam ich Post vom Amt mit dem Protokoll von damals. Selbstverständlich wurde ich dann persönlich vorstellig bei ihr und bedankte mich mit einer guten Flasche Wein. Ich gebe Ihnen jetzt das einzige Protokoll, das noch vorhanden war, zum Lesen. Sie werden verstehen, dass ich persönliche Daten unkenntlich gemacht habe.

Rat des Kreises

Jugendhilfeausschuß

Aktz. o7 1o 66

Beschl.-Reg.-Nr.

B e s c h l u ß
========================

Zur Sicherung der Erziehung und Entwicklung der Minderjährigen

Erziehungsberechtigte:

Pfleger:

fand   eine Beratung des Jugendhilfeausschusses
beim Rat des Kreises Merseburg statt,
an der Beratung nahmen teil:

Frau	Referatsleiterin	- Vorsitzende
Frau	Sachbearbeiterin	- Mitglied
Herr	Heimleiter	- Mitglied

Der Beschluß wurde in Abwesenheit der Erziehungsberechtigten
gefaßt, da eine Teilnahme nicht möglich war.

Weitere Anwesende:

        Frl.   zuständige Jugendfürsorgerin

IV-19-42 (M) 273 3000 PlG 4-35-7o

Die Familie 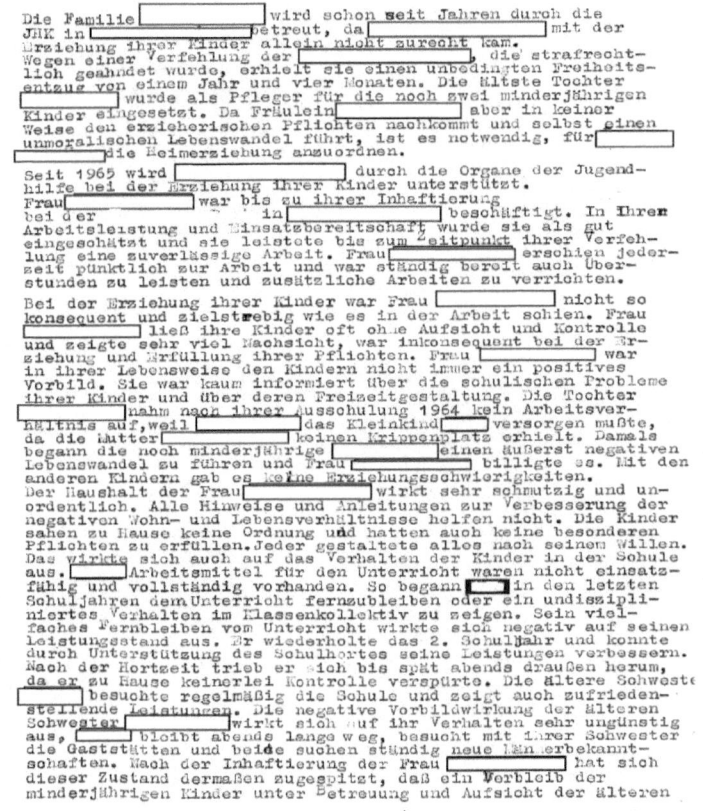 ████████ wird schon seit Jahren durch die
JHK in ████████ betreut, da ████████ mit der
Erziehung ihrer Kinder allein nicht zurecht kam.
Wegen einer Verfehlung der █, die strafrecht-
lich geahndet wurde, erhielt sie einen unbedingten Freiheits-
entzug von einem Jahr und vier Monaten. Die älteste Tochter
████████ wurde als Pfleger für die noch zwei minderjährigen
Kinder eingesetzt. Da Fräulein ████ aber in keiner
Weise den erzieherischen Pflichten nachkommt und selbst einen
unmoralischen Lebenswandel führt, ist es notwendig, für█
████████ die Heimerziehung anzuordnen.

Seit 1965 wird ████████ durch die Organe der Jugendhilfe bei der Erziehung ihrer Kinder unterstützt.
Frau ████████ war bis zu ihrer Inhaftierung
bei der ████████ in ████████ beschäftigt. In ihrem
Arbeitsleistung und Einsatzbereitschaft wurde sie als gut
eingeschätzt und sie leistete bis zum Zeitpunkt ihrer Verfehlung eine zuverlässige Arbeit. Frau ████████ erschien jederzeit pünktlich zur Arbeit und war ständig bereit auch Überstunden zu leisten und zusätzliche Arbeiten zu verrichten.

Bei der Erziehung ihrer Kinder war Frau ████████ nicht so
konsequent und zielstrebig wie es in der Arbeit schien. Frau
████ ließ ihre Kinder oft ohne Aufsicht und Kontrolle
und zeigte sehr viel Nachsicht, war inkonsequent bei der Erziehung und Erfüllung ihrer Pflichten. Frau ████████ war
in ihrer Lebensweise den Kindern nicht immer ein positives
Vorbild. Sie war kaum informiert über die schulischen Probleme
ihrer Kinder und über deren Freizeitgestaltung. Die Tochter
████████ nahm nach ihrer Ausschulung 1964 kein Arbeitsver-
hältnis auf, weil ████████ das Kleinkind ████ versorgen mußte,
da die Mutter ████████ keinen Krippenplatz erhielt. Damals
begann die noch minderjährige ████████ einen äußerst negativen
Lebenswandel zu führen und Frau ████████ billigte es. Mit den
anderen Kindern gab es keine Erziehungsschwierigkeiten.
Der Haushalt der Frau ████████ wirkt sehr schmutzig und un-
ordentlich. Alle Hinweise und Anleitungen zur Verbesserung der
negativen Wohn- und Lebensverhältnisse helfen nicht. Die Kinder
sahen zu Hause keine Ordnung und hatten auch keine besonderen
Pflichten zu erfüllen.Jeder gestaltete alles nach seinen Willen.
Das wirkte sich auch auf das Verhalten der Kinder in der Schule
aus. ████ Arbeitsmittel für den Unterricht waren nicht einsatz-
fähig und vollständig vorhanden. So begann ████ in den letzten
Schuljahren dem Unterricht fernzubleiben oder ein undiszipli-
niertes Verhalten im Klassenkollektiv zu zeigen. Sein viel-
faches Fernbleiben vom Unterricht wirkte sich negativ auf seinen
Leistungsstand aus. Er wiederholte das 2. Schuljahr und konnte
durch Unterstützung des Schulhortes seine Leistungen verbessern.
Nach der Hortzeit trieb er sich bis spät abends draußen herum,
da er zu Hause keinerlei Kontrolle verspürte. Die ältere Schwester
████████ besuchte regelmäßig die Schule und zeigt auch zufrieden-
stellende Leistungen. Die negative Vorbildwirkung der älteren
Schwester ████████ wirkt sich auf ihr Verhalten sehr ungünstig
aus. ████ bleibt abends lange weg, besucht mit ihrer Schwester
die Gaststätten und beide suchen ständig neue Männerbekannt-
schaften. Nach der Inhaftierung der Frau ████████ hat sich
dieser Zustand dermaßen zugespitzt, daß ein Verbleib der
minderjährigen Kinder unter Betreuung und Aufsicht der älteren

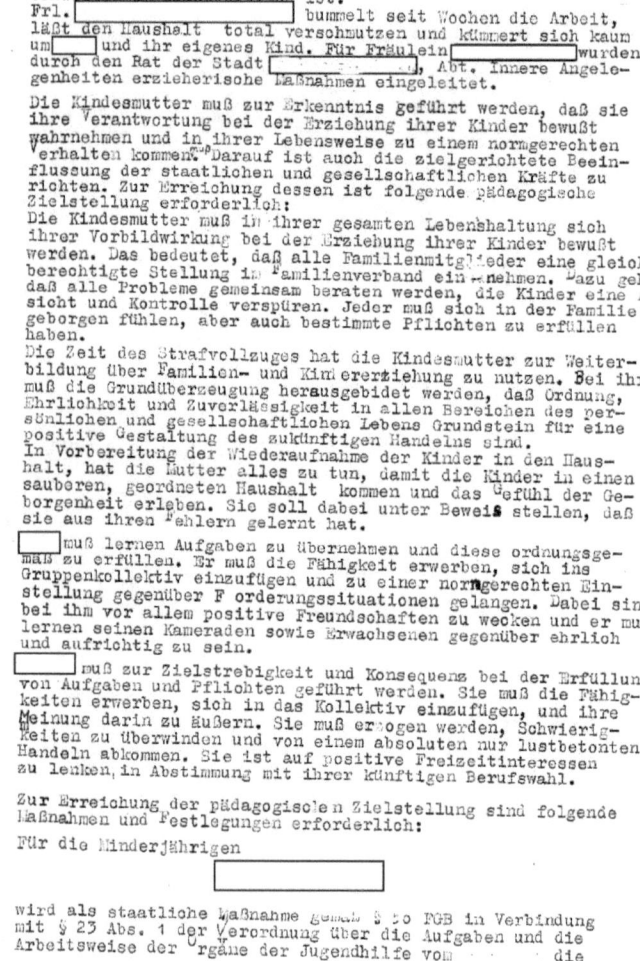

Schwester unverantwortlich ist.
Frl. [_____] bummelt seit Wochen die Arbeit,
läßt den Haushalt total verschmutzen und kümmert sich kaum
um [____] und ihr eigenes Kind. Für Fräulein [_____] wurden
durch den Rat der Stadt [_____], Abt. Innere Ange-
legenheiten erzieherische Maßnahmen eingeleitet.

Die Kindesmutter muß zur Erkenntnis geführt werden, daß sie
ihre Verantwortung bei der Erziehung ihrer Kinder bewußt
wahrnehmen und in ihrer Lebensweise zu einem normgerechten
Verhalten kommen. Darauf ist auch die zielgerichtete Beein-
flussung der staatlichen und gesellschaftlichen Kräfte zu
richten. Zur Erreichung dessen ist folgende pädagogische
Zielstellung erforderlich:
Die Kindesmutter muß in ihrer gesamten Lebenshaltung sich
ihrer Vorbildwirkung bei der Erziehung ihrer Kinder bewußt
werden. Das bedeutet, daß alle Familienmitglieder eine gleich-
berechtigte Stellung im Familienverband einnehmen. Dazu gehört
daß alle Probleme gemeinsam beraten werden, die Kinder eine Aufsicht und Kontrolle verspüren. Jeder muß sich in der Familie
geborgen fühlen, aber auch bestimmte Pflichten zu erfüllen
haben.
Die Zeit des Strafvollzuges hat die Kindesmutter zur Weiter-
bildung über Familien- und Kindererziehung zu nutzen. Bei ihr
muß die Grundüberzeugung herausgebildet werden, daß Ordnung,
Ehrlichkeit und Zuverlässigkeit in allen Bereichen des persönlichen und gesellschaftlichen Lebens Grundstein für eine
positive Gestaltung des zukünftigen Handelns sind.
In Vorbereitung der Wiederaufnahme der Kinder in den Haushalt, hat die Mutter alles zu tun, damit die Kinder in einen
sauberen, geordneten Haushalt kommen und das Gefühl der Geborgenheit erleben. Sie soll dabei unter Beweis stellen, daß
sie aus ihren Fehlern gelernt hat.

[____] muß lernen Aufgaben zu übernehmen und diese ordnungsge-
mäß zu erfüllen. Er muß die Fähigkeit erwerben, sich ins
Gruppenkollektiv einzufügen und zu einer normgerechten Einstellung gegenüber Forderungssituationen gelangen. Dabei sind
bei ihm vor allem positive Freundschaften zu wecken und er muß
lernen seinen Kameraden sowie Erwachsenen gegenüber ehrlich
und aufrichtig zu sein.

[____] muß zur Zielstrebigkeit und Konsequenz bei der Erfüllung
von Aufgaben und Pflichten geführt werden. Sie muß die Fähig-
keiten erwerben, sich in das Kollektiv einzufügen, und ihre
Meinung darin zu äußern. Sie muß erzogen werden, Schwierig-
keiten zu überwinden und von einem absoluten nur lustbetonten
Handeln abkommen. Sie ist auf positive Freizeitinteressen
zu lenken, in Abstimmung mit ihrer künftigen Berufswahl.

Zur Erreichung der pädagogischen Zielstellung sind folgende
Maßnahmen und Festlegungen erforderlich:

Für die Minderjährigen

[_____]

wird als staatliche Maßnahme gemäß § 50 FGB in Verbindung
mit § 23 Abs. 1 der Verordnung über die Aufgaben und die
Arbeitsweise der Organe der Jugendhilfe vom [_____] die

H e i m e r z i e h u n g

beschlossen.

Die Unterbringung erfolgt in einem Normalheim.
Die Aufenthaltsdauer der Heimerziehung für ▢ wird bis
zum Abschluß der 1o-jährigen Schulpflicht festgelegt, ist mit
abhängig vom Erreichen der pädagogischen Zielstellung und der
Haftentlassung der Kindesmutter.
Nach Abschluß der Schulpflicht und Entlassung aus der Heim-
erziehung soll ▢ ein Lehrverhältnis aufnehmen und im
Lehrlingswohnheim untergebracht werden.

- ▢ ist zu Funktionen innerhalb des Gruppenlebens her-
  anzuziehen, wo sie verantwortungsvolles, pflichtbewußtes
  Handeln lernt.
- Sie ist zu solchen Freizeitinteressen zu gewinnen die
  sich positiv auf ihre Berufswahl- und vorstellung auswirk
- Die Aufenthaltsdauer der Heimerziehung für ▢ wird bis
  zur Entlassung der Kindesmutter festgelegt ist aber
  mit vom Erreichen der pädagogischen Zielstellung abhängig
- ▢ ist entsprechend seinen schulischen Leistungen zu
  fördern, damit sein Selbstwerterleben gesteigert wird.
- Er muß lernen Forderungen pflichtbewußt und ordentlich
  zu erfüllen und sich dabei entsprechend in das Kollektiv
  einzuordnen.
- ▢ muß sich altersentsprechende, positive Freundschaften
  suchen, die ihn zu echter Kameradschaft erziehen, zur Ver
  antwortlichkeit und Hilfe für andere.
- Er ist zu einer sinnvollen Freizeitgestaltung heranzu-
  ziehen, bei der er zielstrebiges und pflichtbewußtes Handeln
  lernt und übt und dabei altersentsprechende Interessen
  erwirbt.
- ▢ und ▢ müssen im Gruppenkollektiv lernen sich den
  gegebenen Normen und Regeln einzugliedern, die geforderte
  Verhaltensnormen zu lernen und sie zu ihren eigenen mache
- Sie haben brieflichen Kontakt mit ihren Geschwistern,
  der Mutter sowie dem Referat Jugendhilfe zu halten.
- Beurlaubungen zu den gesetzlichen Feiertagen wie Weihnachten, Ostern, Pfingsten usw. können zur Schwester
  Frau ▢ erfolgen.

Für die Kindesmutter:

- Sie muß lernen, daß sie die volle Verantwortung für ihre
  Erziehungspflichten, Aufsichtspflicht, Betreuung und Ver-
  sorgung der Kinder hat.
- Sie muß sich mit pädagogischen Problemen beschäftigen,
  um sich der Wichtigkeit und Notwendigkeit einer ziel-
  gerichteten erzieherischen Einflußnahme klar zu werden
  und welche Bedeutung die Vorbildwirkung des Erziehungsberechtigten hat.

Sie muß regelmäßig an ihre Kinder schreiben und sich nach dessen Entwicklung erkundigen.

- An persönlichen Festtagen soll sie ihren Kindern kleine Zuwendungen machen.
- Ihren zwei Kindern gegenüber ist sie gemäß der Richtlinie Nr. 18 des Obersten Gerichtes zum Unterhalt verpflichtet.
- Nach der Haftentlassung ist der Haushalt in einen solchen Zustand zu bringen, daß die Kinder dort saubere, ordentliche Verhältnisse vorfinden und das Gefühl der Geborgenheit erleben.

Empfehlungen für die JHK:

Nach der Haftentlassung der Frau ▭ ist ihr Anleitung und Unterstützung zur positiven Veränderung ihrer häuslichen und wirtschaftlichen Verhältnisse zu geben. Sie ist in Erziehungsfragen zu beraten und gemeinsam ist die Wiederaufnahme der Kinder in den Haushalt vorzubereiten. In Abständen sind Kontrollberatungen durchzuführen und Hausbesuche auszuwerten.

Empfehlungen für die Haftanstalt:

Zur Erreichung der pädagogischen Zielstellung wird der Haftanstalt empfohlen der Kindesmutter Literatur über Kindererziehung zur Verfügung zu stellen. Solche Probleme mit ihr auszuwerten und sie zur Wahrnehmung der elterlichen Verantwortlichkeit zu befähigen.

Durchführung und Kontrolle

Zwischenauswertung der pädagogischen Zielstellung

Verantwortlich Heim:	bezogen auf Entwicklung des Minderjährigen und Pflichten der Erzieher
	Termin: jährlich
Verantwortlich JHK:	bezogen auf Erfüllung der Pflichten und Erreichung der pädagogischen Zielstellung zur Familien- und Erziehungssituation. Kolln. Langner sichert Betreuung und Informationsfluß zur JHK.
	Termin: nach der Haftentlassung der ▭ laufend
Verantwortlich Haftanstalt:	bezogen auf die Erfüllung der Festlegungen für ▭
	Termin: halbjährlich Bericht an das Referat Jugendh: schicken

Rechtsmittelbelehrung:

Gegen diesen Beschluß steht den Beteiligten das Rechtsmittel
der Beschwerde zu. Die Beschwerde kann schriftlich beim
Jugendhilfeausschuß des Rates des Kreises Merseburg, innerhalb
von 2 Wochen, gerechnet vom Tage der Zustellung an, einge-
legt werden.
Die Beschwerde hat keine aufschiebende Wirkung.

Vors.d. Jugendhilfeausschuß

Verteiler:
Orginal   = Beschl.-Reg.
1.Ausfertigung= Mutter
Abschrift   = Heim
Abschrift   = Heim
Abschrift   = Akte
begl. Abschr. = Strafanstalt
Abschrift   = JHK

9. Durchschrift : Jugendhilfe □

Und nun hoffe ich, dass meine Glaubwürdigkeit bei Ihnen
wiederhergestellt ist. Bei meiner Therapeutin war das
jedenfalls der Fall, nachdem sie das gelesen hatte. So
glaube ich jedenfalls. Aber nun lassen Sie mich fortfahren
mit meiner Geschichte.

Das Kinderheim

Also, wie gesagt, Inge und ich saßen beim Heimdirektor und wurden belehrt. Dann wurden wir bzw. ich auf die Gruppen verteilt, da Inge ja schon fünf Wochen hier war. Und da ich sowieso Probleme hatte, mit anderen in Kontakt zu kommen, fiel es mir sehr schwer, mit den anderen Kindern rund um die Uhr zusammen zu sein. Meine Bude war für mich der Fluchtort gewesen, an den ich mich zurückziehen konnte, um über mein Elend nachzudenken. Diesen Ort konnte ich jetzt aber nicht mehr nutzen. Als ich in der Gruppe ankam, die mir zugeteilt worden war, kam ich mir vor wie im Zoo. Alle begutachteten mich und fingen an, sich leise zu unterhalten, sodass ich es nicht hören konnte. Mein Erzieher Herr Zimmermann begrüßte mich. Er gab mir die Richtung vor, in die es hier langging. Nicht widersprechen und seine Sachen in Ordnung zu halten, war für ihn das A und O. Und dieses Gebot zu missachten, konnte fatale Folgen haben. Herr Zimmermann war ein Mann so um die sechzig, noch von der alten Garde, der schon unter Hitler gearbeitet hatte. Also ein alter Nazierzieher. Dadurch war auch seine Einstellung geprägt, wenn Herr Zimmermann Frühdienst hatte, was alle Kinder hassten. Dann wurden wir zehn Minuten früher geweckt, um zum Frühsport anzutreten: schnell wie die Windhunde, zäh wie Leder und hart wie Kruppstahl. Wir Kinder mussten dann drei Runden um das Objekt laufen. Seine Art, uns Kinder so zu erziehen, verursachte Spannungen unter den Erziehern. Nicht jeder fand seine Methoden in Ordnung. Wie dem auch sei, ich wurde erst einmal eingekleidet: Unterwäsche und Oberbekleidung. Wieder abgetragene Sachen, da hatte sich nichts geändert. Ich hasste es, immer nur gebrauchte Sachen zu tragen. Ich kam mir schon wieder vor wie ein Lumpenjunge, aber ich kannte ja nichts anderes. Wenn die Schwiegermutter später mit abgetragenen Sachen vom Schwiegervater kam, ging gleich mein Blutdruck hoch. Obwohl sie nichts dafürkonnte. Ich hatte es satt, wieder gebrauchte Sachen zu tragen. Um meine Schwiegermutter nicht zu verärgern, nahm ich die Sachen an. Meine Frau und ich wussten, dass ich die Sachen nie anziehen würde. Ich hatte bis zur Lehre fast immer nur gebrauchte Sachen getragen. Diese Kapitel hatte ich nun endgültig abgeschlossen.

Frau Baumann sagte nebenbei, dass ich nicht aussehen würde, wie einer, der Depressionen hat. Normalerweise lassen sich Menschen mit einer Depression gehen, laufen ungepflegt und in dunklen Sachen herum. „Aber du nicht."

„Weißt du, da ich meine Depression, oder was auch immer ich hatte oder habe, vor jedem verheimlichen wollte, konnte ich nicht wie ein Assi herumlaufen. Also musste ich ein ordentliches Erscheinungsbild abgeben, daran hat sich bis heute nichts geändert."

Aber nun weiter im Text.

Jedenfalls musste ich wohl oder übel die Sachen anziehen. Um einen Kontakt zu anderen Kindern aufzubauen, brauchte ich sehr lange. Ich galt im Heim als Einzelkämpfer, wie immer. Auch die Erzieher hatten Mühe, mit mir ins Gespräch zu kommen, da ich alles abblockte und verschlossen war. Nur eine konnte meine Verschlossenheit etwas durchbrechen, Frau Hellmich. Zu ihr baute ich ein Verhältnis auf. Und wenn ich einmal Probleme hatte, konnte

ich mich Frau Hellmich anvertrauen. Was eigentlich gegen meine Art war. Ansonsten blieb ich verschlossen, um nicht zu sagen stur oder eigensinnig. Aber das Heim hatte auch etwas Gutes: Ich bekam regelmäßig zu essen, war immer sauber gekleidet (auch wenn es wieder gebrauchte Sachen waren) und meine Leistungen in der Schule stabilisierten sich wieder. Ich musste im Heim noch drei Wochen lang Schwefelbäder nehmen, um sicherzugehen, dass ich die Krätze wirklich besiegt hatte. An meine große Schwester Karin dachte ich überhaupt nicht, denn sie war es, die mich hierhergebracht hatte. Später versuchte ich, jeden Kontakt mit ihr ins Leere laufen zulassen. Was nur zum Teil gelang. Aber dazu kommen wir später. Für mich hatte sich vieles geändert, nur eines nicht: Zu Hause wurde ich Lumpenschäfer oder Verbrecherschäfer genannt. Und hier war ich das Heimkind. Wenn in der Schule etwas vorfiel, dann waren es immer die Heimkinder. Wenn etwas gestohlen wurde, waren es immer die Heimkinder.
Die Heimkinder wurden immer vorgeschoben, wenn etwas Negatives vorgefallen war. Doch das berührte mich wenig, da ich es von zu Hause schon kannte.

Und ich konnte, im Gegensatz zu anderen Kindern, sehr gut damit umgehen. Ich hatte mich langsam eingelebt im Heim und nahm mein Schicksal hin, so gut es ging. Nach einem halben Jahr hatte ich endlich Kontakt zu zwei Jungen gefunden, um nicht zu sagen, ich hatte fast zwei neue Freunde. Aber am meisten trieb ich mich in meiner freien Zeit beim Hausmeister, Herrn Mayer, herum. Ich weiß gar nicht, wie das gekommen war. Ich sollte ihm einmal helfen, einen Eimer in den Keller zu tagen, da er schon die Hände voll hatte. Wäre ich nicht zufällig vorbeigekommen, dann wäre es ein anderer. Den Eimer stelle ich ab und fragte, ob ich noch etwas helfen solle (da haben wir es wieder, das Helfersyndrom). „Wenn du willst, kannst du ja noch den Ascheneimer hochbringen." Gesagt, getan. Von da an war ich regelmäßig beim Hausmeister und half beim Heizen und dabei, etwas aufzuräumen, na ja, was so anfiel. Das war auch ein Grund, warum ich lange keine richtigen Freunde hatte. Ich kam zwar mit den Jungen zurecht, aber richtige Freunde wurden wir nicht. Wir, meine Schwester Inge, der kleine Neffe Sven und ich blieben eineinhalb

Jahre im Heim. Meine Schwester Helga holte uns zu Weihnachten immer nach Hause zu sich. Oder in den großen Ferien im Sommer auch einmal eine Woche. Was für Helga ein Kraftakt war. Inge machte dabei die wenigste Arbeit, da sie sich immer mit ihrer Freundin Anne traf. Sie haben bis heute noch Kontakt und treffen sich regelmäßig. Natürlich war die Rückreise ins Heim für uns immer hart.

Ich ertappte mich dabei, wie ich heimlich weinte, wenn ich wieder im Heim war. Meine Mutter schickte zu Weihnachten und Ostern ein kleines Paket für die Kinder aus dem Bau. Ich wusste zwar nicht, was Inge mit ihrem Paket machte, aber ich wusste, was ich mit meinem Paket machte. Ich öffnete es erst gar nicht, sondern warf es zur Verwunderung der anwesenden Kinder und Erzieher gleich in den Papierkorb. Für mich war sie nicht mehr meine Mutter, weil sie die Hauptschuld trug an der kaputten Kindheit, die ich hatte. Auch nach Jahren konnte ich meiner Mutter nicht verzeihen, zu groß war der Schaden, den sie angerichtet hatte.

Bei ihrer Verhandlung hatte sie gesagt, dass sie das Geld nur für die Kinder unterschlagen hätte. So erzählte es mir später Helga, die mit bei der Verhandlung anwesend war. Selbst wenn es so gewesen wäre, wäre es mir deswegen auch nicht besser gegangen. Die Zeit verging und Mutter wurde entlassen, sieben Tage später konnte sie uns nach Hause holen. Inge, die jetzt eine Lehre machte, durfte in Gera bleiben, um die Lehre zu beenden. Als der Tag kam, an dem die Mutter uns aus dem Heim holte, hatte ich gar keine Lust, nach Hause zu gehen. Ich hatte mich mit der Zeit im Heim sehr gut eingelebt. Was ich hier hatte, wusste ich, was nun kommen würde, wusste ich nicht. Die Mutter kam am Nachmittag, um mich abzuholen. Sven war schon bei ihr, ihn hatte sie schon vorher abgeholt. Ich sah meine Mutter und wusste nicht, was ich ihr sagen sollte. Am liebsten hätte ich ihr alles an den Kopf geworfen, was Sven und ich durchgemacht hatten, innerhalb von zwei Jahren. Aber ich tat es nicht. Die Mutter umarmte mich und die Tränen standen ihr im Gesicht. Was mich nicht im Geringsten berührte. Ich umarmte meine Mutter, nicht wie man eine Mutter umarmt, sondern wie eine Bekannte oder weit entfernte Tante. Die Mutter fühlte, dass ich sie etwas ablehnend umarmte.

Die Heimfahrt nach Hause war sehr ruhig, nur Sven sprach mit seiner Oma, ich sagte keinen Ton. Sie versuchte zwar, mit mir zu reden, aber ich sagte immer nur Ja oder Nein. Ein Gespräch kam nicht zustande. Nun raten Sie mal, was ich als Erstes machte, als ich nach Hause kam? Richtig, als wir ankamen zu Hause, hatte ich nichts Besseres zu tun, als die Tasche in die Ecke zu werfen und so schnell es ging zu meiner Bude zu rennen. Ich war überrascht, als ich dort ankam. Entweder hatte sie keiner gefunden oder man hatte kein Interesse an ihr gehabt. Und das Hochwasser, das jedes Frühjahr kam, konnte dieses Mal auch nicht so hoch gewesen sein. Denn sonst hätte sie das Wasser mitgenommen. Als wenn ich sie erst gestern verlassen hätte. Das Lagerfeuer war zwar zugewachsen und die Plane auf dem Dach hatte das Wetter wohl zerlegt. Sonst sah es drinnen aus, wie ich sie verlassen hatte. Aber komischerweise hatte ich jetzt kein Interesse mehr an ihr. Vielleicht weil ich älter geworden war und andere Vorlieben hatte. Jedenfalls ging ich nicht mehr hin. Sorry, stimmt ganz nicht, was ich gerade schreibe. Ich war Jahrzehnte später noch einmal dort.

Das ist aber eine andere Geschichte, der ich jetzt nicht vorgreifen möchte. Am Freitag wurden Sven und ich von der Mutter abgeholt. Am Montag ging es in die Schule, da die Mutter mich schon Tage vorher angemeldet hatte. Eigentlich wollte ich nicht wieder in die Schule gehen, denn dort kannten sie mich ja als „Lumpenschäfer, Verbrecherschäfer und Assiklaus. Mit einem komischen Gefühl ging ich in die Klasse, wo mich alle anstarrten, als wäre ich vom Mond gekommen. Die Lehrerin, Fräulein Heisch, war immer noch meine Klassenlehrerin. Denn sie übernahm die Klasse, die ich hätte wiederholen müssen. Sie kam in den Klassenraum und alle verhielten sich ruhig. Sie begrüßte die Kinder: „Guten Morgen. Und nun möchten wir alle den Klaus Schäfer willkommen heißen, der am Freitag aus dem Kinderheim entlassen wurde." Ich wollte am liebsten im Boden versinken. Ging das nun schon wieder los, dachte ich und fühlte mich nicht sehr gut in diesen Moment.

Nicht einer wollte mich begrüßen, es war ihnen scheißegal, ob ich da war oder nicht. Mit der Zeit hatte ich mich eingelebt, aber ich war wie immer der Einzelkämpfer. Ich wurde zwar nicht mehr Lumpenschäfer oder Assiklaus genannt, dafür war ich jetzt für alle das Heimkind. Meinen Namen hörte ich selten, wenn ich gerufen wurde, wurde ich nur „Heimkind" genannt. Mit der Zeit ließ aber alles nach. Ich, der als Einzelkämpfer weiter in die Schule ging, kam ganz gut zurecht. Auch wenn ich keine Freunde mehr hatte, denn Gerd, der mir den Ferienjob damals besorgt hatte, war mit seinen Eltern fortgezogen. Sie hatten das Haus der Großeltern in Thüringen geerbt. Meine Mutter arbeitete jetzt in einem Produktionsbetrieb in Schichten. Und wenn sie Frühschicht und Spätschicht hatte, arbeitete sie in einem Kiosk oder besser gesagt in einem Spätverkauf, um nebenbei etwas zu verdienen. Wie sie an diese Stelle gekommen war, wusste keiner so genau. Meine Schwester Inge kam nach Hause, nachdem sie die Lehre abgeschlossen hatte. Nun waren wir wieder alle zusammen in dem kleinen Raum, den ich ein „Schließfach" nannte. Inge, Sven und ich. Sven, den die Mutter mit durchbringen musste. Denn Karin saß noch in Potsdam. Eines Abends, die Mutter war wieder einmal in ihrem Nebenjob im Spätverkauf tätig, lagen wir drei in dem sogenannten „Schließfach" und schliefen. So gegen 23 Uhr in der Nacht kam die Mutter nach Hause, aber nicht allein: Sie hatte noch ein ungarisches Pärchen mitgebracht und ihnen einen Übernachtungsplatz angeboten, da sie wohl die letzte Straßenbahn nicht mehr geschafft hatten. Wo sollten sie schlafen? Bei uns im „Schließfach" stand noch eine Liege, für eine Nacht war sie gut genug. Obwohl die Gäste wussten, dass im Raum noch drei Kinder schliefen, nahmen sie nicht gerade Rücksicht auf uns. Sie unterhielten sich noch, zwar etwas gedämpft, aber laut genug, um Inge und mich aus dem Schlaf zu reißen. Sven schlief tief und fest, was vielleicht auch das Beste war. Wir hörten, wie sie sich hinlegten, endlich Ruhe, dachte ich. Falsch gedacht, die zwei schoben noch eine Nummer und das nicht gerade leise. Inge klopfte mir auf die Schulter, anscheinend, um mich zu beruhigen. Als wir am nächsten Morgen aufstanden, waren die zwei schon weg. Und ich konnte nicht einmal sehen, wem wir den „Hörporno" in der Nacht zu verdanken hatten.

Der Neuanfang

Sven war ein Vorschulkind und Karin war wieder einmal draußen seit einem halben Jahr und, man höre und staune, sie ging sogar arbeiten in einer Kaufhalle, oder auch Konsum genannt. Und sie hatte sogar eine kleine Wohnung bekommen. So wie früher war der Kontakt zwischen Karin und mir nicht mehr. Ich sprach nur das Notwendigste mit Karin, wenn überhaupt. Auch ihr konnte ich meine versaute Kindheit nicht verzeihen.

Meine Mutter bekam zwei Jahre später eine neue Wohnung, da das Haus, das wir hatten, baufällig wurde. Es war aus dem 18. Jahrhundert, was weiß ich, wie alt es war. Jedenfalls war alles aus Lehm gebaut. Und das Haus löste sich langsam auf. Der Umzug in die neue Wohnung brachte mit sich, dass ich in eine andere Schule gehen musste. Ich ging jetzt in die siebte Klasse, da ich ja im Heim eine Klasse wiederholen musste. Es war mir recht, in eine andere Schule zu kommen, denn das war für mich wie ein Neuanfang. Jedenfalls bezogen Mutter, Inge und ich die neue Wohnung. Sven war nun bei seiner Mutter, wo er auch hingehörte. Wir hatten sogar ein Radio, einen Fernseher hatten wir immer noch nicht. Wo sollte der auch herkommen, Mutter verdiente ja nicht die Welt. Ich glaube, ein halbes Jahr später, nachdem wir umgezogen waren, hatten wir dann einen Kühlschrank. Das Letzte, was angeschafft wurde, war der Fernseher. Wir wohnten schon eine Weile in der neuen Wohnung. In der ersten Zeit dort schaute ich immer nur aus dem Fenster und sah den Jungen zu, die sich immer an der Linde trafen. Jene nannten wir später „die Palme". Ein Junge kam zu mir ans Fenster und sagte: „Komm doch mit zu uns. Wir beißen nicht." „O.k.", ich sagte zu. Und siehe da, ich hatte auf einmal und vor allem schnell neue Freunde. Ich bildete mir ein, dass das so schnell ging, weil mich und meine Vorgeschichte keiner kannte. Ich wurde in der Klicke als vollwertiges Mitglied aufgenommen. Ich dachte deshalb: „Jetzt hast du endlich alles hinter dir." Mit meiner Mutter sprach ich jetzt wieder und das Verhältnis war fast normal. Ich war eigentlich guter Dinge.

Mit vierzehneinhalb Jahren hatte ich sogar eine Freundin, Petra, sie war sechzehn Jahre alt. Sie hatte schon

Erfahrungen mit Jungs gemacht, nahm die Pille und war abgeklärt. Kurz und gut, sie wusste viel und ich nichts. Mehr als Herumknutschen und Fummeln war die ersten Tage nicht drin. Wir waren keine drei Wochen zusammen, da hatte es mich erwischt und ich hatte eine leichte Angina. Dicke Mandeln und etwas Fieber, und das in den Ferien. Jedenfalls lag ich drei Tage im Bett beziehungsweise auf dem Sofa und war schon wieder wohlauf. Es klingelte an der Tür und Petra stand davor. „Ich wollte einmal einen kleinen Krankenbesuch machen", sagte sie, „und, wie geht es dir?" „Sagen wir mal so: Wenn ich dich sehe, geht es mir gut, Schnecke." „Das hört man gern", erwiderte sie. Wir gingen ins Wohnzimmer, aufs Sofa, wo ich noch die Decke beiseitelegte, da ich dort gelegen und Musik gehört hatte. „Deine Mutter da?" „Nee, Spätschicht." „Deine Schwester?" „Nee, auf Arbeit." „Passt doch, oder?", sagte sie. „Ja, das passt." „Na, dann will ich dich einmal verarzten", sagte sie mit einem verschmitzten Lächeln. Wir knutschten und Petra ging mir an die Wäsche. Was ich ebenfalls tat. Ich berührte ihre Brüste. Viel brauchten wir nicht auszuziehen, denn es war Sommer und warm. Da dachte ich: „Jetzt passiert das, was du wolltest." Und mir wurde ganz anderes: „Du, Petra, ich habe noch nie." „Es ist immer das erste Mal." Sie kam zurück und zog mich aus. Dann legte sie mich aufs Sofa, zog sich aus und setzte sich auf mich. Im Hintergrund lief Karat. Vergesse ich nie. Mann, war das ein Gefühl. Aber ich war so aufgeregt. Ich glaube, meine erste Nummer hatte ich wohl versaut. Das ging alles so schnell, richtig genießen konnte Petra es nicht. Jedenfalls war der Spaß nach drei, vier Minuten vorbei. Petra sah das nicht so eng: „Das wird dann immer besser, wirst du schon sehen." Tja, das war mein erstes Mal. Fünf Wochen später war Petra fort. Sie hatte einen anderen kennengelernt. Das war für mich sehr hart. Denn naiv, wie ich war, hatte ich gedacht, es sei für immer. Aber mit der Zeit habe ich gelernt, damit umzugehen. So, aber nun wieder zurück zum Thema.

Die Zeit verging, ich war in der achten Klasse. Inge war ausgezogen und hatte nun ihr eigenes Leben. Meine Mutter hatte zwischenzeitlich die Arbeit in dem Produktionsbetrieb gekündigt und hatte sich im Kiosk fest einstellen lassen. Die Welt verdiente sie dort nicht, aber das

Trinkgeld schloss ab und zu eine kleine Lücke. Jedenfalls stellte sie den Antrag in der Schule, mich aus der achten Klasse zu entlassen, um die Familie finanziell zu unterstützen. Mit mir besprach sie das Thema nur kurz. Das war damals in der DDR üblich und wurde immer so gehandhabt.

Blieb noch die Frage, was ich lernen sollte. In der LPG hätte ich sofort anfangen können. Das wollte ich aber nicht. Denn ich sah, wie viel Zeit die Bauern dort verbringen mussten. Ich hätte eine Ausbildung als Lkw-Fahrer machen können, auch Anlagenfahrer stand zur Auswahl. Nein, ich hatte beschlossen, auf den Bau als Maurer zu gehen, was ich bis heute bereue. Also machte ich eine Lehre als Maurer, was mir auch Spaß bereitete. Ich war sehr wissbegierig. Das fiel auch meinem Lehrmeister auf. Der Lohn im ersten Lehrjahr betrug 110 Mark. Im zweiten Jahr 125 und im dritten Jahr 135 Mark. Davon musste ich jeden Monat 55 Mark Kostgeld meiner Mutter geben. Gehungert habe ich zwar nicht, aber was die Mutter so auf den Tisch stellte, war schon hart an der Grenze, vor allem am Monatsende. Zwei Monate vor Lehrabschluss wurde ich zur Musterung nach Eisleben bestellt. Der „Genosse" Major fragte mich, ob ich länger dienen würde, so drei Jahre. Ich hatte kein Interesse daran. Und als gefragt wurde, in welchen Truppenverband ich am liebsten gehen würde, sagte ich: „Am liebsten würde ich Panzerfahrer werden." Die großen „Maschinen" hatten mich schon immer begeistert. „Das ist kein Problem", antwortete der Major. „Es gibt nur einen kleinen Haken. Um Panzerfahrer zu werden, müssten Sie drei Jahre dienen. Denn es ist eine lange Ausbildung vonnöten, um diese Waffe zu beherrschen." Das überlegte ich mir und sagte dann zum Major: „Wenn Sie mir versprechen, dass ich Panzerfahrer werden kann, würde ich auch drei Jahre dienen." Das war 1979. Ich war am Samstag in die Disco gegangen und hatte dort meine zukünftige Frau kennengelernt. Seit der Sache mit Petra hatte ich viele Techtelmechtel gehabt und Erfahrungen gesammelt. Petra hatte recht, je mehr Erfahrung ich hatte, desto besser und schöner war es. Wenn ich an das erste Mal zurückdachte, hatte ich in der Zwischenzeit doch dazugelernt. Verschämt dachte ich daran, was damals in meiner „Bude" mit Gerd und Monika abgegangen war. Und wenn ich mich daran erinnere, so war das jetzt für mich wie Kinderfasching. Im Gegensatz zu jetzt, wo nicht mehr bloß geschaut wurde.

Und wie es der Teufel so wollte, verguckte ich mich in die kleine Jutta. Mein Gefühl sagte mir, dass dieses Mädchen nicht bloß ein One-Night-Stand werden würde, wie ich sie in der Vergangenheit öfter gehabt hatte. Meine längste Beziehung ging acht Wochen, mit Petra. Aber Jutta war anders als die anderen, sie wollte ich unbedingt haben.

Jutta und ich waren nun seit drei Monaten ein festes Paar. Einmal wurde ich eingeladen zum Abendbrot bei ihren Eltern, man könnte auch sagen zur „Musterung". Denn es war klar, dass sie wissen wollten, wer ihre kleine Tochter abgefangen hatte. Ihre Mutter war eine sehr freundliche Frau, ihr Vater, wie wohl alle Väter auf der Welt, sah mich sehr skeptisch an, als wolle er sagen: „Du bist nicht der Richtige für meine Tochter." Aber was wollte er machen? Damals war mir noch nicht klar, dass er von meiner Vergangenheit wusste. Vielleicht kam daher seine Ablehnung. Ich hatte im April meine Lehre beendet, welche ich mit der Note „zwei" bestanden hatte. Meinem

Lehrmeister war aufgefallen, dass ich kein Dummer war, und er besorgte mir eine Stelle in einem Spezialbau. Die Arbeit war zwar etwas ungesund, da ich mit Säuren und Harzen arbeiten musste. Aber ich bekam doppelt so viel wie ein normaler Maurer. Normalerweise hätte ich 675 Mark verdient, aber im Spezialbau, wo ich jetzt war, waren 1300 Mark keine Seltenheit. Das kam durch die hohen Zuschläge, welche wir erhielten. Die Zeit verging und der Mai 1980 war gekommen. Jutta und ich hatten große Pläne. Doch einer funkte dazwischen: der Major. Er hatte sein Versprechen eingehalten und ich wurde eingezogen. Der Zeitpunkt konnte nicht ungünstiger sein. Damit hatte ich nun überhaupt nicht gerechnet. Aber was soll's, wir konnten uns nicht dagegen wehren. Jutta und ich mussten da durch. Ich wollte Panzer fahren, jetzt fuhr ich einen Panzer vom Typ T 55. Also musste ich für ein halbes Jahr nach Weißwasser zur Ausbildung. Mann, Panzer fahren hatte ich mir einfacher vorgestellt. Du siehst durch zwei Schlitze, 20 oder 25 Zentimeter lang. Viel siehst du nicht, dachte ich so bei mir. Ja, ich durfte auch einmal dem Panzer hinterherlaufen, mit einem Kettenschutz auf dem

Rücken, als „Belohnung", weil ich das Fahrzeug an einen Baum gefahren hatte. Mit der Zeit bekam ich alles gut hin. Die Ausbildung war zu Ende und es ging nach Brandenburg in die Kaserne für die restlichen zweieinhalb Jahre. Da ich ein guter Fahrer und technisch versiert war, wurde ich nach einem halben Jahr zum StKTA ernannt (Stellvertreter des Kommandeurs für Technik und Bewaffnung), als Urlaubsvertretung. Den Job machten normalerweise nur Offiziere, der andere Stellvertreter war ehrenvoll entlassen worden.

So musste ich mich also um zehn Kompaniepanzer kümmern, damit diese immer gefechtsbereit waren. Ich musste die Wartungstage überwachen sowie theoretische Schulungen abhalten. Mit dem Panzer machte mir nun keiner mehr etwas vor. Ich beherrschte die Waffe von A bis Z. An einem Samstag, wir hatten einen Wartungstag, kam der Regimentskommandeur und sprach mich an, als ich gerade an einem Zwischengetriebe arbeitete.

„Genosse Unteroffizier, was machen Sie da?" Ich sprang vom Panzer, nahm Haltung an und machte Meldung: „Unteroffizier Schäfer, Stellvertreter des Kommandeurs für technische Ausrüstung, Genosse Oberst." Ich merkte, dass er mit dieser Meldung nicht gerechnet hatte, weil normalerweise ein Offizier diesen Posten innehatte. „Alle Fahrzeuge in Ordnung, Genosse Unteroffizier?" „Jawohl, Genosse Oberst, bis nach Paris kommen wir", meldete ich. Nicht nur der Oberst, sondern auch mein Kompaniechef, der in der Nähe war und alles hörte, war überrascht. Denn wieder hatte er nicht mit so einer Antwort gerechnet. „Hauptmann Kunz, zu mir." Er rief den Kompaniechef zu sich, dieser machte sein „Männchen" vor dem Oberst und stand stramm. „Der Genosse Unteroffizier Schäfer erhält zwei Tage Sonderurlaub wegen seiner hohen Einsatzbereitschaft." „Jawohl, zu Befehl, Genosse Oberst." Der Oberst ging seiner Wege und Kunz, mein Kompaniechef, sagte zu mir: „Jetzt hast du ihn aber beeindruckt. Der war ja für Sekunden sprachlos." „Oh", dachte ich mir, „du musst also nur das sagen, was sie hören wollen, und schon hast du Vorteile." Ich bekam zwar nicht mehr Geld, hatte dafür aber andere Vorteile. Wie zum Beispiel eine Ausgangskarte, die auch schon viel wert war. Aber sonst war nichts Weltbewegendes passiert. Dienst

nach Vorschrift eben. Oder doch, eine Sache muss ich
Ihnen erzählen. Ich war UvD (Unteroffizier vom Dienst),
da muss man sich 24 Stunden um den Kompaniealltag
kümmern. Wie zum Beispiel: die Kompanie zum Essen
bringen, dafür sorgen, dass die Nachtruhe eingehalten
wird und die Waffenkammer bewacht wird. Und das
zusammen mit einem Soldaten, einem GuvD (Gehilfe des
Unteroffiziers vom Dienst). Jedenfalls war um 6 Uhr früh
Wecken angesagt und Fertigmachen zum Frühsport. Ich
musste dann alle Schlafunterkünfte und die Toilette
kontrollieren, damit sich keiner verdrücken konnte und
alle am Frühsport teilnahmen. Nachdem ich alle Räume
kontrolliert hatte, war die Toilette dran. Ich ging auf die
Knie und sah dort jemanden auf der Toilette sitzen.
„Rauskommen und geh zum Frühsport!", gab ich von mir.
Keine Reaktion. Diesen Satz wiederholte ich drei Mal.
Immer noch keine Reaktion. Da nahm ich den
Wasserschlauch, drehte den Wasserhahn auf und spritzte
über die Tür hinweg das Wasser hinein. Nach zwei bis drei
Sekunden ging die Tür auf. Es war der OvP (Offizier vom
Dienst). Natürlich schön nass … Ich hatte ihn nicht auf den

Flur kommen sehen, während ich die Unterkünfte kontrolliert hatte. Er nahm mir den Schlauch aus der Hand und sagte: „Unteroffizier, Achtung!" Meine Stiefel knallten zusammen. Ich nahm Haltung an und er spülte mich von oben bis unten schön mit dem Wasserschlauch ab.

Die Geschichte machte natürlich im Regiment die Runde. Ich hatte die Lacher auf meiner Seite.

Ja, da gab es noch einige Vorfälle bei der Armee. Lustige wie auch ernste, aber die alle zu erzählen, wäre zu zeitraubend. Kennen Sie den Unterschied zwischen einem Russenpanzer vom Typ T 55 und einem Pkw? Der Pkw hat eine Federung, der Panzer nicht. Er hat zwar eine Drehstabsfederung, aber komfortabel ist etwas anderes. Ich glaube auch, dass die Geschichte mit meinem Rücken hier ihren Lauf nahm. Beim Panzer fahren hatte ich mir mein Kreuz mehrmals gestaucht während der Gefechtsübungen, das war die reinste Wonne. Die erste Zeit tat es noch weh, über sechs Wochen nicht zu Hause zu sein. Aber ich kam dann regelmäßig auf Urlaub raus. 1981 hatte ich wieder einmal Urlaub und da geschah es: Jutta wurde schwanger. Im Mai 1982 kam unsere gemeinsame Tochter auf die Welt,

Brigitte. Ich badete und wickelte unsere Tochter, wenn ich Urlaub hatte und zu Hause war, sodass sich meine Frau um nichts kümmern musste. Und genauso kümmerte ich mich auch später um meine zweite Tochter. Was vor allem meinen zukünftigen Schwiegervater beeindruckte. Ich war stolz auf unsere Kinder und im September 1982 wurde geheiratet. Mein zukünftiger Schwiegervater war nicht besonders begeistert. Er vertrat die Ansicht, dass diese Ehe keine drei Jahre überleben würde. Nun bin ich schon über 36 Jahre verheiratet … Weil ich nicht gewusst hatte, wie es mit Jutta weitergehen würde, als ich eingezogen worden war, hatte meine Mutter eine Vollmacht, mit der sie das Geld verwalten sollte, wenn mit mir etwas passieren würde. Das war natürlich ein Fehler. Ich verdiente als Fahrer 650 Mark. Da ich Unterkunft und Kost ja frei hatte, überwies ich jeden Monat 300 bis 400 Mark. Denn viel Geld brauchte nicht, außer für Zigaretten und etwas Kleinkram. So sparte ich in einem Jahr bis zu 4000 Mark zusammen. Das wäre ein schöner Anfang für Jutta und mich gewesen. Ich wollte noch Geld vom Konto holen, das ich in der Lehre zurückgelegt hatte. Jedenfalls wollte ich so die Hochzeit und noch dieses oder jenes bezahlen. Es mussten so ungefähr 7500 bis 8000 Mark auf dem Konto sein. Mich traf der Schlag, als ich den letzten Auszug von meiner Mutter holte und es nur noch 3650 Mark waren. Als ich meine Mutter fragte, hörte ich nur, dass ich das Geld wiederbekommen würde. Was natürlich nicht der Fall war. Ich fragte mich, was sie mit dem Geld gemacht hatte, ich hatte nichts gesehen, wofür sie es ausgegeben haben könnte. Ich hätte es wissen müssen. Mein Fehler, sie hatte ja auch mein Schulsparbuch leergeräumt, damals. Ich vermied es jetzt, meine Mutter zu sehen, wo ich nur konnte. Wenn ich sie besuchte mit den Kindern, war ich nie länger als eine halbe Stunde bei ihr. 1983 im Mai war meine Dienstzeit zu Ende. Aber bevor ich nach Hause kam, gab es noch einmal Alarm und dieses Mal war es kein Spaß mehr. In Polen wurde das Kriegsrecht verhängt. Wie dies enden sollte, wusste keiner. Und ausgerechnet einen Monat vor meiner Entlassung. Meine Einheit wurde an die polnische Grenze verlegt. Nun standen wir da mit unseren Panzern. Ich hatte Angst, dass wir, wenn wir einmarschieren würden, keine große Chance hätten. Wir haben es selbst gelernt, Panzer außer Gefecht zu setzen. Es reichte, eine Flasche Benzin auf den Panzer zu werfen, und wir würden dann den Heldentod sterben. Oder wir machten die Luken auf, um auszusteigen, was aber bestimmt den gleichen Effekt hätte. Bloß, dass wir draußen sterben würden. Nach zwei Wochen Grenzbelagerung wurden die Panzer zurückgeholt in die Kaserne. Zum Glück, wir waren noch einmal davongekommen. Ich wurde im Mai entlassen und ging sofort wieder arbeiten.

Der Tod der Mutter

Nach der Armeezeit lebten wir fast ein Jahr bei den Schwiegereltern und ich sage Ihnen, es stimmt: Alt und Jung zusammen, das wird nichts. Da kann mir einer erzählen, was er will. Wir mussten immer Rücksicht nehmen, da wir nur Gäste waren. Aber ich war auch sehr, sehr dankbar dafür, dass wir dort wohnen durften. Eine eigene Wohnung ist jedoch eben etwas anderes. Zum Glück bekamen wir im Mai 1984 eine Wohnung in Eisleben. Es war eine Neubauwohnung mit Wasser aus der

Wand und Zentralheizung. Endlich waren wir für uns, alleine, und mussten von nun an keine Rücksicht mehr nehmen. 1984 im August kam die zweite Tochter zur Welt, Tina. Ich war auf meine zweite Tochter genau so stolz wie auf meine erste Tochter, damals. Ich arbeitete nun schon fünf Jahre im Spezialbau und verdiente gutes Geld. Doch etwas machte mich nachdenklich: Keiner, der hier arbeitete, wurde älter als sechzig oder dreiundsechzig Jahre. Der größte Teil jedenfalls nicht. Das lag an dem giftigen Zeug, das wir verarbeiten mussten. Es setzte sich meist auf die Leber. Da dachte ich mir: „Du bist zwar müde, aber nicht lebensmüde." Aber das wollte ich mir nicht antun. Ich besorgte mir im Werk eine neue Stelle, was auch gelang. Jetzt war ich Anlagenfahrer für Extruder und wir stellten Alltagsdinge wie Eimer und Autoteile aus Plastik her. Spiegelschalen oder Lampenfassungen. 75 Prozent für den Westen, meist für VW, und 25 Prozent für die DDR. Ich war froh, hier zu arbeiten. Zwölfstundenschichten, gut bezahlt, die Maschinen übernahmen größtenteils die Arbeit. Viel Freizeit. Wenn ich frei hatte, dann war ich am Stück vier Tage zu Hause. Hier würde ich es bis zur Rente aushalten, so war mein Plan. Aber falsch gedacht: 1989 kam alles anders. Die „Roten" konnten nicht wirtschaften, das Volk war unzufrieden, na ja, das Ende kennen wir ja. Natürlich kamen gleich nach der Wende die um uns so besorgten „Brüder und Schwestern" aus dem Westen. Was noch funktionierte, wurde zerschlagen, und was zerschlagen wurde, wurde ganz billig aufgekauft. Und so erging es mir nicht anders. Unser Betrieb wurde billig aufgekauft. Die neuen Herrschaften schafften erst einmal die Zwölfstundenschichten ab, was zu Geldeinbußen führte. Dann war Freitag um 14 Uhr Schichtschluss, sodass erst am Montag früh die Maschinen wieder in Gang gesetzt wurden. Dies ging ein halbes Jahr lang gut. Als meine Kollegen und ich an einem Montag früh zur Schicht kamen, staunten wir nicht schlecht. Uns wurde gesagt, dass der Betrieb ausgelagert werde. In die Nähe von Rostock. Wer seinen Job behalten wolle, müsse mit umziehen. Wir wussten sofort, dass dies aus Taktik geschehen war. Denn keiner hätte sich bereit erklärt, mit nach Rostock zu gehen. Und so ging der Plan gut auf. Es ging nur um die

Maschinen, mit denen man Geld verdienen konnte. „Das fängt ja gut an", dachte ich mir, „das kann ja nur noch besser werden mit den Brüdern und Schwestern aus dem Westen." Nun war guter Rat teuer, was sollte ich nun machen? Das Einzige, was ich gelernt hatte, war Maurer. Eine andere Wahl hatte ich nicht. Und so ging ich wieder auf den verhassten Bau. Zu meiner Mutter hatte ich nur spärlich Kontakt und war selten bei ihr. Jetzt werden manche von Ihnen fragen, warum ich so wenig schreibe über meine Mutter. Ich habe sie nach dem Kinderheim weder geliebt noch gehasst. Was sollte ich also noch schreiben über meine Mutter? Im September 1995 verstarb sie. Das nahm mich doch etwas mit, hätte ich nicht gedacht. Sollte ich ihr alles verzeihen, als ich vor ihrem Grab stand? Ich hatte gemischte Gefühle. Also machte ich meinen Frieden mit ihr. Eine Mutter ist eben eine Mutter, egal, was vorgefallen war. Wenn ich im Nachhinein darüber nachdenke, komme ich zu dem Schluss, dass sie fast gar nichts dafürkonnte. Sie ging von 6 bis 18 oder 19 Uhr arbeiten, Samstag bis 12 Uhr. Wo, so frage ich Sie, wo sollte sie die Zeit hernehmen, um sich um die Kinder zu kümmern. Drei Kinder und dabei vollbeschäftigt, das ging überhaupt nicht. Im Gegenteil, der Staat hätte sie gar nicht zwingen dürfen zu arbeiten, sondern hätte sie finanziell unterstützen müssen, damit sie ihre Kinder erziehen konnte. Kein Wunder, dass sie damit überfordert war. Doch soweit konnte ich damals gar nicht denken, als Kind. Ich hatte nur mein eigenes Elend gesehen. Darum hatte sie aus Verzweiflung, so denke ich heute, das Geld unterschlagen. Um ihren Kindern etwas bieten zu können. Viel war aber nicht möglich, denn bei mir kam nichts an. Es musste sich um kleine Beträge gehandelt haben, sodass das nur ein Tropfen auf den heißen Stein war. Eigentlich hatte sie keine andere Wahl gehabt. Wenn ich es richtig sehe, so hat der Staat sie in die Enge getrieben. Hatte ich ihr zu Unrecht die Schuld gegeben? Ich glaube ja, und im Nachhinein tut es mir nun leid. Ich verstehe nicht, warum ich mich nicht früher mit diesem Thema auseinandergesetzt habe.

Als Teenager und später habe ich mir keine Gedanken gemacht, da ich nur mein Leben gelebt habe und versucht habe, es auf die Reihe zu bekommen. Und nun kann ich die

Schuld, die ich meiner Mutter immer gegeben hatte, nicht wiedergutmachen. Ich wünschte mir, ich hätte früher darüber nachgedacht. Nun war es zu spät dafür. Ich habe die Chance vertan, ihr zu verzeihen. Und wenn ich das so lese, habe ich kein gutes Gefühl dabei. Der ganze Fehler lag auf meiner Seite, ich hätte mir viel früher Gedanken machen sollen. Meine Mutter verstarb etwas unverhofft, denn krank sah sie nicht aus. Da ich erst drei Tage vorher bei ihr war, mit den Kindern, kam das doch sehr überraschend. Sie schlief friedlich am Abend ein. Ich dachte nur: „Gut, dass es so abgelaufen ist. Sie musste sich nicht quälen."

Das zweite Mal zu Boden

Die Zeit verging und es war 1998, wir bauten eine Hängebühne auf. Eine Hängebühne wird an die Außenfassade von Hochhäusern und Wohnblocks angebracht, um die Fassade sanieren zu können. Der eine oder andere von Ihnen wird das schon einmal gesehen haben. Gehalten wurde die Bühne durch zwei Ausleger, die so 5 bis 6 Meter lang waren. Diese wurden mit Gegengewichten auf dem Dach gehalten. Jeder der zwei Ausleger wurde je nach Größe der Bühne mit 200 bis 300 Kilogramm Gegengewicht auf dem Dach fixiert. Jedenfalls konnte ich mich an diesem Tag vor Schmerzen kaum bewegen. Es hatte zuvor wieder einmal „gekracht". Zwei Gegengewichte der Hängebühne, die ich getragen hatte und die je 25 Kilogramm wogen, hatten mich geschafft. Beim Laufen mit den Gegengewichten merkte ich ein leichtes Ziehen im Rücken und keine Sekunde später klappte ich zusammen wie ein Taschenmesser. Meine Kollegen versuchten, mich „aufzurichten". „Nein! Nicht! Lasst mich!" Ich war froh, dass ich noch auf allen vieren kriechen konnte. Das waren für mich schon keine Rückenschmerzen mehr, sondern es war wie Folter. Ich schleppte mich unter großen Schmerzen erst einmal auf allen vieren zur Hauswand und versuchte, mich ganz vorsichtig hinzusetzen. Da es gerade Frühstückszeit war, blieb ich alleine auf dem Dach. Zwar wollten mich meine Kollegen mitnehmen, ich lehnte aber ab und sagte ihnen, dass ich mich erst einmal erholen müsse. Meine Schmerzen waren so groß, dass mir die Tränen kamen. Ich saß da und fragte mich: „Wie lange willst du dir das noch antun? Seit Jahren hast du immer Probleme mit dem Rücken. Am besten, du springst und hast endlich deine Ruhe." Ich zog mich an der Wand hoch. Jetzt stand ich am Rand des Hochhauses und wollte springen. Aber ich tat es nicht, weil ich zu feige war. Nach einer guten Stunde hatte ich mich etwas erholt, sodass ich direkt zum Arzt fuhr, um mich wieder einmal spritzen zu lassen. Krankschreiben ließ ich mich nicht. Der Termin für die Baustelle musste eingehalten werden. Und so ging ich am nächsten Tag mit Tabletten ausgerüstet wie das blühende Leben wieder auf die Arbeit und quälte mich weiter mit den Schmerzen. Denn ich hatte noch eine Ehre im Leibe, auch wenn es die falsche Ehre sein sollte. Doch ich hatte noch eine und ging weiter auf Arbeit. Nicht wie die meisten jungen Kerle von heute, die am liebsten nur am PC arbeiten möchten. Fragen Sie doch mal die jungen Kerle, wer von denen noch auf dem Bau arbeiten will. Von zehn, wenn Sie Glück haben, meldet sich einer.

Das Haus und die neue Arbeit

1999 kauften wir uns ein Haus auf dem Dorf. Meine Frau wollte unbedingt ein Haus. Ich wollte nie ein Haus. Aus dem einfachen Grund, weil man da nur Geld hineinstecken muss. Und so war es auch: neue Fenster, neue Elektrik, neues Dach usw. Ich war schon froh, dass uns die Schwiegereltern die Heizung bezahlt hatten. So konnten wir das frei gewordene Geld woanders einsetzen. Jedenfalls hatten wir im Frühjahr eine Urlaubsreise nach Griechenland gebucht. Da war das Haus noch nicht im Spiel. Jetzt kam der Urlaub und zum gleichen Zeitpunkt waren wir auf das Haus gestoßen. Was nun? Urlaub absagen? Wollte ich nicht. Also beschloss ich, meine Frau mit den zwei Kindern alleine in den Urlaub zu schicken. Denn es musste viel gemacht werden an dem Haus und ich hatte vierzehn Tage gut zu tun. Nach vierzehn Tagen kam meine Familie wieder erholt aus dem Urlaub zurück. Sie staunten, was ich alles in der Zeit geschafft hatte. Und wer von Ihnen Hausbesitzer ist, der weiß, wovon ich spreche. „Fertig werden" gibt es nie. Ohne die tatkräftige Hilfe meiner Schwiegereltern hätten sich die Arbeiten, die anstanden, wohl in die Länge gezogen. Ich bin ihnen heute noch dankbar dafür, dass sie mich bzw. uns all die Jahre unterstützt haben. Da ich mich ja nun damit abgefunden hatte, ein Haus zu besitzen, legte ich mich ins Zeug, um viel zu schaffen. Denn ich musste auch wieder auf die Arbeit, da mein Urlaub zu Ende war. Was ich noch alles machen musste, tat ich dann nach der Arbeit. Sogar am Wochenende, wenn ich Samstag von der Arbeit kam, legte ich noch los, ohne Pause. Denn ich musste erst einmal eine Grundordnung hereinbringen. Was natürlich nicht ohne Schmerzen ging. Doch die hatte ich schon jahrelang herausgefordert und versuchte, sie wieder mit Tabletten zu bekämpfen. Das tat ich wochenlang, bis ich total erschöpft beim Teppichverlegen auf dem Teppich einschlief. „Nun ist aber Schluss, du musst nicht alles mit Gewalt zu Ende bringen", sagte meine Frau. Wenn ich etwas anfing an Arbeit, egal was es war, so musste ich es immer durchziehen, bis die Arbeit fertig war. Es ging mir nicht alles schnell genug damals. Im Gegensatz zu jetzt, wo ich mir die Arbeit einteile, um sie in aller Ruhe zu beenden. Bis zum Jahr 2000 blieb ich auf dem Bau. Mein Hausarzt empfiehl mir, eine Kur zu beantragen, was ich auch tat. Der Antrag war genehmigt und ich fuhr an die Ostsee, den Ort habe ich vergessen. Nach einer Woche Kur kamen Mitarbeiter der Rentenstelle und sprachen mich an, ob es nicht besser sei, eine Umschulung zu machen, da mein Kreuz den Belastungen nicht mehr gewachsen sei. Das war wie ein Fünfer im Lotto für mich und ich willigte sofort ein. Nach der Kur war ich noch drei oder vier Wochen zu Hause. Es war die Jahrtausendwende und es konnte nur noch besser werden für mich, nahm ich an. Es kam keine Nachricht von der Rentenstelle wegen der Umschulung. Da ich von dort nichts mehr hörte, ging ich wieder auf den Bau. Ich hasste die Arbeit, aber als Assi wollte ich nicht wieder dastehen. Vor allem musste das Haus ja auch abbezahlt werden. Das bereitete mir noch mehr Druck. Ich hätte ja auch anrufen können, um zu fragen, was nun mit der Umschulung sei. Aber ich war viel zu stolz dafür und wollte nicht betteln. Das war das Ergebnis meiner harten Kindheit. Merken Sie etwas? Jetzt schiebe ich schon selbst meine Kindheit vor das Loch.

Ende 2000 meldete sich die Rentenstelle doch noch: ob ich noch Interesse hätte an einer Umschulung. Da griff ich natürlich sofort zu. Von 2001 bis 2003 machte ich eine Umschulung zum Bürokaufmann, mit IHK-Abschluss. Jetzt aber musste es doch vorwärtsgehen mit mir! Ich schrieb Bewerbungen, sprach persönlich bei den Firmen vor, aber ohne Erfolg. Nun war ich schon über einen Monat zu Hause. Ich musste etwas tun, denn ich hatte immer das Haus im Kopf. Ich wollte nicht dastehen wie ein Versager, dem man das Haus gepfändet hatte. Also stellte ich mich bei einer Zeitarbeitsfirma vor. Wenn auch kein anderer mich nahm, diese „Verbrecher" vermittelten jeden, da sie sehr gut am Elend der Menschen verdienten. Dank der Politik, die diese Ausbeutung auch noch unterstützte. Es war abgemacht, dass ich in einer Firma als Bürokaufmann eingesetzt werden sollte. Das konnte sich aber noch zwei Monate hinziehen, da die Firma angeblich im Umbruch war. Ich lenkte ein und wurde an etliche Firmen verliehen, als Hilfsarbeiter im Lager. Mal in einem großen Discounter, einer Drogeriemarktkette oder bei einem Autobauer, ja sogar bei einer großen Konditorei weit hinter Gera. Nicht nur ich, sondern auch meine Kollegen, mit denen ich zusammenarbeitete, wurden behandelt wie der letzte Dreck, eben wie Leiharbeiter. Die Festangestellten dachten, dass die Leiharbeiter ihren Job bekommen würden, weil wir ja billiger waren als sie. Na, jedenfalls musste ich im Umkreis von 100 Kilometern die Kunden anfahren. Ich verdiente 6,12 Euro pro Stunde. Nach Abzügen hatte ich 680 Euro im Monat. Wenn ich dann noch mein Benzingeld abzog, hatte ich für circa 380 Euro im Monat gearbeitet. Die Firma hielt den vereinbarten Deal, nur zwei Monate den Laufburschen zu machen, natürlich nicht ein. Das machte ich so bis 2004 mit. Dann ging ich zu einem großen Umweltunternehmen, das sich auf Industriereinigung spezialisiert hatte. Da konnte ich wenigstens von meinem Lohn leben und mir etwas leisten. Obwohl ich wusste, dass ich wieder große Probleme mit dem Rücken bekommen würde, ging ich auch diesen Deal mit mir ein. Was ich nicht wusste, war, dass sich das Unternehmen eine eigene Leihfirma aufgebaut hatte, in der ich nun arbeitete. Sie zahlten zwar schon 8,50 Euro pro Stunde, aber das große Geld hatte die Auslöse gebracht, da ich ja nur auf Montage unterwegs war. Wir reinigten Industriebehälter, Tanks oder Kleinteile mit Wasserhochdruck. Natürlich bei unseren Brüdern und Schwestern im Westen. Denn wir waren ja ein gefundenes Fressen für sie, bei den Billiglöhnen, die wir bekamen beziehungsweise immer noch bekommen. Wissen Sie, was der bittere Beigeschmack war?

Vor der Wende durfte ich nicht in den Westen und nach der Wende musste ich in den Westen ...

Aber auch das war nichts für mich. Denn immer die schweren Wasserpistolen zu halten, und dann noch bei einem so großen Druck, ging natürlich auch auf den Rücken. Denn wenn ich die Pistole betätigte, hatte ich zu tun stehen zu bleiben. Ich musste immer einen Gegendruck erzeugen, um nicht umzufallen. Ich spreche hier nicht von einem Hochdruckreiniger, den Sie im Baumarkt kaufen können und der maximal 150 Bar aufbauen kann. Sondern von einem Hochdruck von 600 bis 3000 Bar. Gefährlich war das auch noch. Es gab einige Unfälle. Wenn jemand ein Rohr reinigte ohne Fangvorrichtung, was natürlich verboten war, konnte es passieren, dass die Düse sich im

Rohr drehte und als Geschoss zurückkam. Dann hatte derjenige mehr als nur einen blauen Fleck. Dann mussten noch große Saugschläuche, die 5 Meter lang waren und einen Durchmesser von 20 Zentimetern sowie ein Gewicht von circa 40 Kilogramm hatten, getragen werden. Was mir jedoch am meisten missfiel, war die Unterbringung. Ab und zu hatten wir auch mal gute Hotels, keine Frage. Oder mal ein Einzelzimmer. Aber es waren doch häufig abgewrackte Hotels, die scheinbar sehr billig waren. Meist Doppelzimmer, was mich aufregte. Keine Privatsphäre und Kreuzschmerzen beim Arbeiten mit Hochdruck. Da konnte ich auch wieder auf den Bau gehen. Die Kreuzschmerzen hatte ich, wo auch immer ich arbeitete. Also bin ich 2013 wieder auf den Bau bis Dezember 2015. Was sollte werden? Ich musste ja arbeiten, das Haus immer im Hinterkopf, das auch abgezahlt werden musste.

Etwas Nützliches machen

Da ich krankgeschrieben war ab Dezember 2015, half selbst die Ehre nichts mehr, die ich hatte. Ich musste mir nun eingestehen, dass nichts mehr ging. Damit ich nicht in der Woche meiner Frau am frühen Morgen im Weg rumstand, stand ich immer eine halbe Stunde später auf, also um halb sieben. Ich trank den Kaffee, den meine Frau gekocht hatte, und verabschiedete sie mit einem Küsschen, wenn sie zur Arbeit fuhr. Dann machte ich mich fertig für den Tag und drehte die erste Runde mit dem Hund. Um nicht sinnlos und nutzlos zu Hause herumzusitzen, musste ich mir eine Beschäftigung suchen, um die Zeit totzuschlagen. Also schaute ich mich auf dem Hof um, um zu sehen, was noch gemacht werden müsste. Der Zaun sollte auch erneuert werden, das Kaminholz musste gestapelt werden und an meiner Eisenbahn hatte ich auch noch zu tun. Gesagt, getan. Ich hatte mich im Internet schlaugemacht und bestellte einen Zaun aus Polen. Bis dieser geliefert wurde, hatte ich etwa zehn Tage Zeit. Also beschäftigte ich mich mit dem Holz.

Ich arbeitete bis kurz vor Mittag, dann war die zweite Runde mit dem Hund fällig. Erst danach machte ich mir Mittagessen. Manchmal gab es auch nichts. Je nachdem, wie ich drauf war. Dann war der Abwasch vom Morgen und Mittag an der Reihe. Ab und zu half ich bei der Schwiegermutter aus. Nach getaner Arbeit machte ich es mir jedenfalls im Sessel bequem und schaute Dokuserien. Wenn es nach mir ginge, würde es im Fernsehen nur Dokumentationen geben. Am späten Nachmittag war die dritte Runde mit dem Hund fällig. Die Arbeit mit dem Kaminholz musste ich mir einteilen, bis der Zaun kam. Denn so viel Holz war es nun auch nicht. Wie geplant kam der Zaun aus Polen zur festgelegten Zeit. Nun hatte ich also 30 Meter Zaun, der verbaut werden musste. Ich fing an, den alten stückweise abzureißen und den neuen aufzubauen, aber schön langsam. Am Wochenende half meine Frau mit. Dieses Mal hatte ich mir komischerweise keine Deadline gesetzt, wann ich fertig werden musste. Wenn ich merkte, dass die Schmerzen wieder stärker wurden, legte ich das Werkzeug aus der Hand und machte am nächsten Tag weiter. Was soll ich Ihnen sagen, so ging es auch. Das wäre mir früher nie passiert, dass ich das Werkzeug vor Schmerzen weggelegt hätte. Aber das kam jetzt daher, dass ich nicht unter Druck arbeiten musste und keiner hinter mir stand, der sagte: „Du musst fertig werden." Es kam auch mal vor, dass ich einen Tag gar nichts machte und den Zaun einfach liegen ließ. Und so brauchte ich für 30 Meter Zaun knappe zweieinhalb Wochen. Das war eine ganz neue Erfahrung, die ich da machte. Denn sonst hatte ich immer losgelegt wie ein „Ochse" und verdrängte meine Schmerzen. Es ging auch alles anders, man musste es nur wollen. „Hättest du das mal früher so gemacht, dann hättest du jetzt kein kaputtes Kreuz", dachte ich so vor mir her. Da ich auch an meiner Eisenbahn viel zu tun hatte, verging die Zeit im Nu. Aber dann wurde ich aus meinem Rhythmus gerissen ...

Der erste Versuch

Es war Ende Mai 2016, da bekam ich einen Anruf von der Krankenkasse. Der gute Mann muss so um die zwanzig Jahre gewesen sein, denn er hatte eine sehr junge Stimme.

„Herr Schäfer, ich bin Ihr Betreuer und möchte Sie einmal fragen, wann Sie wieder arbeiten gehen wollen. Sie sind erst sechsundfünfzig und müssen noch arbeiten gehen." Ich dachte, ich spinne. Mit allem hatte ich gerechnet, aber nicht mit so etwas! Mir fehlten die Worte. Ich wusste in diesem Moment gar nicht, was ich sagen sollte. „Wenn ich wieder gesund bin, dann gehe ich arbeiten", entgegnete ich. „Gute Besserung", sagte er und legte auf. Ja, das war die heutige Jugend. Am liebsten saß sie nur am PC und wollte den Alten das Arbeiten beibringen, so dachte ich mir. Soweit ist es nun also schon, dass mich die Krankenkasse als „Assi" hinstellt. Was soll's, sagte ich mir, jetzt ist Schluss mit der Bettelei. Ich hatte die Schnauze voll und wollte nicht mehr. Es war schlimm genug, dass ich den Nachbarn Rechenschaft ablegen musste, warum ich zu Hause war. Das war mir schon peinlich. Die mussten auch gedacht haben, ich bin zu faul zum Arbeiten. Und dann ruft dieser junge Kerl von der Krankenkasse an und belehrt mich, warum ich nicht arbeiten gehe. Es machte mich kaputt, dass ich schon so lange zu Hause war. Die Frau ging arbeiten, brachte Geld nach Hause und ich fühlte mich nutzlos und zu nichts zu gebrauchen. Es passte eben alles zusammen: der Anruf von der Krankenkasse und die Nachbarn. Und dann noch das Elend, dass ich zu viel Zeit hatte, um über alles nachzudenken. Also machte ich mir einen Plan. Es musste schnell und schmerzlos gehen, das wäre das Beste. Ich hatte zwei Optionen zur Auswahl.

1. Ich gehe wieder auf den Bau und quäle mich so lange, bis nichts mehr geht. Was unter Umständen Wochen oder Monate dauern konnte. Aber vielleicht auch nur Tage.

2. Ich gehe auf den Dachboden mit sechs Flaschen Bier, schnell und schmerzlos. Dann musste ich mich erst gar nicht auf dem Bau herumquälen.

Wenn ich Variante 2 wählte, dann würde ich vorher die Pillen absetzen, damit ich eine klare „Birne" hätte. Ich hatte einmal alle Pillen abgesetzt, für sieben Tage, als Selbsttest. Um zu wissen, wie es ohne Pillen läuft. Und es lief nicht gut, Schmerzen ohne Ende, aber ich hatte es ja wissen wollen. Es war ein Entzug: Schweißausbrüche, der Körper zitterte, da wusste ich, wie es Abhängigen ging. Was ist schnell und schmerzlos? Ich suchte im Internet nach einem schnellen und schmerzlosen Tod. Da waren viele Vorschläge dabei, Hut ab. Vom Sichertränken bis Vor-den-Zug-Werfen war alles dabei. Aber ich wollte da keinen mit hineinziehen, sondern es alleine tun.

Das „Beste", was ich fand, war Aufhängen. Andererseits setzte das Können voraus. Wenn es nicht richtig klappte, würde ich im Rollstuhl sitzen. Was tun? Also übte ich erst einmal den Henkerknoten. Denn der musste laut Internet genau am Genick liegen. Sonst bestand die Gefahr zu ersticken oder im besten Fall würde man im Rollstuhl enden. In den zwei Wochen, in denen ich alle Pillen absetzte, besorgte ich mir einen Strick beziehungsweise nahm den, den ich schon zu Hause hatte.

Nun verstarb auch noch der Hund. Wir mussten ihn einschläfern lassen, weil er Blutkrebs hatte. Das ist auch so eine Sache. Jedes Tier, das sich quält, bekommt eine Spritze, um es von seinem Leiden zu befreien. Aber Menschen, die nicht mehr wollen oder können, denen wird der Tod verweigert. Sie müssen sich quälen, bis sie einschlafen. Das wird aber nicht gemacht wegen der Moral, wie man uns weismachen möchte. Es geht nur ums Geld, wie bei allem anderen auch. Sorry, das musste ich mal loswerden.

Was nun? Der Hund war tot und ich wollte mir das „Licht" ausmachen. Meine nächste Sitzung hatte ich vier Tage später. Also musste ich noch etwas erledigen. Denn ganz allein wollte ich Jutta nun auch nicht lassen. Ich suchte also nach einem neuen Hund, damit meine Frau wenigstens aus dem Haus kam, um soziale Kontakte zu haben. Denn ich kannte meine Frau gut. Sie wäre aus ihrem Garten nicht mehr herausgekommen. Einen Hund hatte ich schließlich gefunden und wir holten ihn am Wochenende in Freiberg ab. Es war wieder ein Beagle. Meine Frau wunderte sich schon, dass es so schnell ging mit dem neuen Hund. Denn wir hatten eigentlich ausgemacht, dass wir so schnell keinen neuen Hund holen würden. „Es ist viel zu still, wenn kein Hund da ist", entgegnete ich ihr. Sie musste sich damit zufriedengegeben. So, der neue Hund war also besorgt, nun konnte ich meinen Plan umsetzen. Aber wo sollte ich es tun? Zu Hause ging nicht, es sollte mich ja keiner so schnell finden. Da kam nur ein Abbruchhaus infrage. Also fuhr ich durch die Gegend und fand auch ein „schönes", abseits gelegen. So, der Plan war gemacht und musste nur noch umgesetzt werden. Das Dumme war nur, dass meine Frau mir immer die Pillen gab und ich musste sie vor ihr einnehmen. Also nahm ich sie in den Mund und trank einen kleinen Schluck Wasser. Dabei tat ich so, als würde ich sie hinunterspülen. Aber ich ließ sie im Mund und nahm sie dann später heraus, um sie zu entsorgen. Wenn meine Frau sich wegdrehte, steckte ich sie in die Hosentasche. Einmal vergaß ich, die Pillen zu entsorgen, und meine Frau fand sie in der Hosentasche. Da konnte ich mir aber etwas anhören. Es vergingen zwei Wochen ohne Pillen. Wieder die gleiche Wirkung: Schweißausbrüche, Zittern und Schmerzen. Ich musste es, so gut es ging, vor Jutta verbergen. Der Tag war gekommen und ich wartete darauf, dass meine Frau zur Arbeit fuhr. Dann nahm ich mein Rad, den Strick und das Bier. Im Abbruchhaus angekommen, ging ich, nachdem ich das Rad versteckt hatte, auf den Dachstuhl und machte den Strick fest. Und was soll ich sagen? Ich war wieder zu feige. Ich hatte das Bier wohl zu langsam getrunken. Zweieinhalb Stunden waren zu viel für sechs Flaschen Bier. Ich hätte eine „Druckbetankung" machen sollen, dann hätte es vielleicht geklappt. Was mich auch zurückhielt, war der Gedanke, was wäre, wenn es nicht richtig funktionierte. Im Rollstuhl wollte ich nicht landen. Es musste noch eine andere Lösung geben. Also fuhr ich nach Hause und ging am nächsten Tag zu meiner Sitzung. Ich erzählte Sabine (also Frau Baumann) davon. Vom Anruf von der Krankenkasse und von den Nachbarn. Dass ich jetzt die Schnauze voll hatte und die Bettelei ein Ende hatte. Nebenbei erzählte ich ihr auch die Sache mit den Pillen, den Varianten und dem nicht zu Ende gebrachten Plan. Ich dachte, sie macht einen Spaß, als sie sagte: „Ich muss dich einliefern lassen, um dich vor dir selbst zu schützen." „Wenn du mich einliefern lässt, Sabine, dann würde dies meinen Plan nur noch schneller vorantreiben." „Gut, wir machen einen Deal: Du unterschreibst mir, dass du dir nichts antust, und ich lasse dich nicht einliefern." Also ging ich den Deal erst einmal ein. So einen Deal hatte ich schon während der Kur machen müssen. Ich fragte mich nur, wie sie den Deal kontrollieren wollte. Na gut, zwei Tage später bekam ich Post von der

Krankenkasse. Ich sollte einen Gutachter aufsuchen, am nächsten Dienstag um 11 Uhr in Gera. Der junge Kerl von der Krankenkasse hatte dies wohl veranlasst. Und er wusste gar nicht, dass er mir damit fast einen Gefallen tat. „Das war aber knapp", dachte ich mir, „vor zwei Tagen wolltest du dich noch aufhängen." War es am Ende doch gut, dass ich feige war? Also trat ich dort an. Der Gutachter nahm sich meine Befunde und las sie durch. Er fragte mich, ob ich bereit sei, in eine Wochenklinik zu gehen wegen meiner Depressionen. „Wochenklinik nicht, aber offener Vollzug schon, sprich Tagesklinik." Damit war das Gespräch beendet und ich konnte gehen. Dann, wieder zwei Tage später, kam Post von der Rentenstelle. Erst war lange nichts passiert und dann alles auf einmal. Ich wurde zur Rentenstelle bestellt, weil während des Kuraufenthalts ein Gutachten verfasst worden war. Dort sagte mir eine junge Sachbearbeiterin, dass ich nicht mehr umgeschult werden könne, weil ich zu alt sei. Sie wollten für mich aber einen Praktikumsplatz suchen, für drei Stunden am Tag. Wo, wussten sie noch nicht. Natürlich musste die Voraussetzung gegeben sein, dass ich mich gesundschreiben ließ. Ich konnte mich jetzt aber nicht gesundschreiben lassen, wo es mir doch noch so „dreckig" ging. „Sie haben doch alle Befunde und nicht nur die von der Kur", gab ich zurück. „Stimmt, Sie haben recht. Wissen Sie, Herr Schäfer, wenn gar nichts mehr geht, dann beantragen Sie doch die Rente." Na, auf die Idee wäre ich selbst nie gekommen, ehrlich. Schon allein deshalb, weil ich ja noch so jung war. Da mir die gute Frau von der Rentenstelle also diesen Tipp gegeben hatte, setzte ich alle Hebel in Bewegung. Natürlich ließ man mich lange warten, nachdem ich den Antrag auf Rente gestellt hatte. Dann kam ein Anruf von der Krankenkasse. Es war dieses Mal nicht mein Betreuer, sondern eine junge Frau, die mich fragte, ob ich nicht einen Rentenantrag stellen möchte. Wie das, dachte ich, dann war das Gutachten also doch in Ordnung. Als ich ihr erzählte, dass ich schon einen Antrag gestellt hatte, sagte sie: „Haben Sie einen Rentenberater?" Ich verneinte. „Ich sende Ihnen per E-Mail eine Liste mit Rentenberatern. Aus Erfahrung wissen wir, dass der erste Antrag abgelehnt wird." Sie hatte recht, die gute Frau. Der Ablehnungsbescheid lag kurze Zeit später im Briefkasten. Also suchte ich mir einen Rentenberater und überließ ihm die Papiere, damit er arbeiten konnte. Für das Geld, das er von mir bekam, konnte er sich auch einen Kopf machen. Ich hatte meinen nicht zu Ende gebrachten Plan nicht vergessen und suchte weiter nach Alternativen. Wer weiß, wofür das noch gut war. Reserven konnte man immer haben.

Dann fand ich im Internet Nembutal oder auch Pentobarbital genannt. Das ist ein Schlafmittel und wurde auch für Narkosen bei Operationen eingesetzt. 2005 wurde Nembutal in Deutschland verboten. Denn es sind schon geringe Mengen tödlich. Um sicherzugehen, wurden im Internet für den Suizid 15 Gramm empfohlen. 15 Gramm für 160 Euro. Es war nur auf dem Schwarzmarkt zu bekommen. Dass ich gegen das BtMG (Betäubungsmittelgesetz) verstieß, wusste ich. Aber wenn es klappte, war mir das egal. Naiv, wie ich war, bestellte und bezahlte ich die Ware, ohne sie je zu bekommen. Das hätte ich eigentlich merken müssen, denn die Western Union Bank wurde von vielen Betrügern benutzt, weil man hier das Geld nicht mehr zurückverfolgen konnte. Und man konnte sich mit einem falschen Namen anmelden. Das alles hatte ich auch noch im Internet gelesen. Ich bestellte aber trotzdem. Ich hatte mich schon gewundert, dass ich das Geld auf zwei verschiedene Konten und in zwei verschiedenen Ländern einzahlen sollte, in einem Abstand von zwei bis fünf Tagen. Einmal sollte das Geld nach Südafrika und einmal nach Kamerun gehen, wie Sie den Belegen entnehmen können. Das erzählte ich auch Frau Baumann. Ich weiß nicht, irgendwie hatte ich immer das Gefühl, ihr alles beweisen zu müssen, was ich sagte. So zeigte ich ihr den Schriftverkehr, den ich per Mail dokumentiert hatte, mit dem Verkäufer. Jedenfalls war das Geld weg.

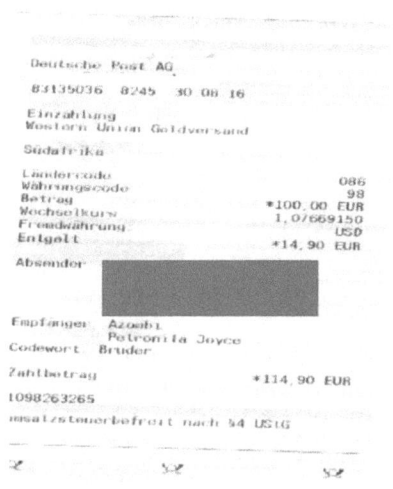

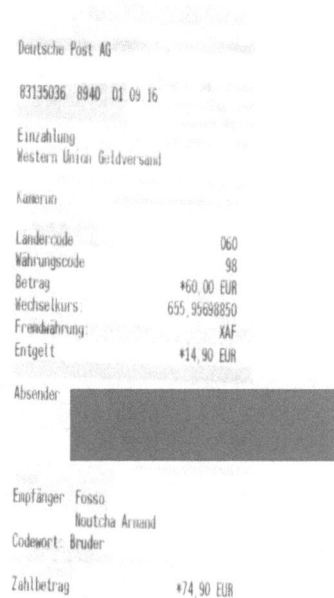

Ein unverhoffter Tod

Am 17. November 2016 hatte ich Geburtstag und meine

Schwägerin Renate und ihr Mann Kurt kamen aus Hessen

zu Besuch. Das machten sie jedes Jahr und blieben eine

Woche, um ihre Eltern und die Verwandtschaft zu

besuchen. Dieses Mal fiel der Besuch auf meinen Geburtstag. Darüber freute ich mich, denn mit ihnen komme ich immer gut aus. Am 18. November wollten wir bei uns grillen. Meine Schwiegermutter nahm ihre zwei Töchter, um mit ihnen shoppen zu gehen. Das machte sie immer, wenn beide Töchter da waren. Mein Schwager und ich fuhren los, um Grillzeug zu besorgen, und bereiteten die Terrasse vor zum Grillen. Gegen 16 Uhr waren die Frauen wieder zu Hause. So fingen wir an, von 18 Uhr bis 21:30 Uhr zu grillen. Es wurde viel erzählt und gelacht. Da Renate und Kurt bei uns schliefen, räumten wir in aller Ruhe alles auf. Gegen 21:45 Uhr klingelte das Telefon. Meine Schwiegermutter war am Apparat und fragte mich, ob wir fertig seien mit Grillen. Ich gab das Telefon meiner Frau und ging ins Wohnzimmer.

Nach einer Minute kam meine Frau zurück und sagte, alle vier sollten wir zur Schwiegermutter kommen. Warum wusste keiner. Wir vermuteten, dass etwas mit dem Vater war. „Ich fahre nicht mehr Auto, ich habe vier Bier getrunken", sagte ich zu meiner Frau. Also fuhr sie. Bei den Eltern angekommen, gingen wir nach oben. Die Tür stand offen und die Schwiegermutter wartete schon im Wohnzimmer auf uns. Ich ging als Erster in die Wohnung und fragte, was passiert sei. Da sagte meine Schwiegermutter, der Vater habe sich das Leben genommen.

Renate sank weinend in den Sessel und sagte: „Das war feige, so zu gehen." Kurt sagte gar nichts und schüttelte nur den Kopf, als wenn er es nicht wahrhaben wolle. Meine Frau war blass geworden und ich nahm mir eine Flasche Bier, um erst einmal alles auf die Reihe zu bekommen. Meine Schwiegermutter war sehr gefasst, worüber ich nur staunen konnte. Sie hatte ihn im Garten gefunden. Es waren noch die Polizei und die Staatsanwaltschaft vor Ort. Man wollte uns dann Bescheid geben, wenn der Garten wieder freigegeben würde. „Gut", sagte ich, „viel können wir jetzt nicht machen. Renate bleibt über Nacht bei der Mutter und wir fahren nach Hause und kommen morgen früh wieder." Am nächsten Morgen nahm ich erst einmal meine Frau und meine Schwiegermutter und fuhr sie zum Arzt. Ich selbst ging am Nachmittag zum Arzt, da das Ereignis bei mir einen Schock ausgelöst hatte. Ich ließ mir

einen Einweisungsschein geben für den „offenen Vollzug",
sprich die Tagesklinik. Den Termin bekam ich telefonisch
am 13. Dezember 2016. Da diese Aktion meines
Schwiegervaters unverhofft kam, liefen wir die ersten Tage
wie „Falschgeld" durch die Gegend.

Was hatte er getan? Ja, er hat Elend und Leid über die
Familie gebracht, keine Frage. Er hatte aber auch gesehen,
wie sein Bruder elendig gestorben war, wie seine Bekannte
eingeliefert wurde, weil sie nichts mehr auf die Reihe
bekommen hatte wegen ihrer starken Demenz. Sie wurde
nur noch am Leben gehalten. Und er hatte auch gesehen,
was für eine Last auf der Familie lag. Rund um die Uhr
mussten sie immer bereit sein. Seine Bekannte wurde nur
noch abgefüttert, gewaschen und gewickelt. Mehr war
nicht mehr zu tun. Er hatte gesehen, wie ein Mensch lebend
stirbt. Das wollte er sich und vor allem seiner Familie nicht
antun. Das ist jedenfalls meine Meinung, auch wenn ich
alleine damit dastehe. Er hatte schon eine leichte Demenz,
das Sprechen fiel ihm schwer, er konnte sich nicht mehr
erinnern, wo er was abgelegt hatte usw. Mein
Schwiegervater hatte sich mit Gas das Leben genommen.

Er zog sich eine Plastiktüte über den Kopf und ließ das Gas über einen Gasbrenner einlaufen. Er hatte sogar so weit gedacht, dass er, nachdem er es „geschafft" hatte, automatisch den Gasbrenner losließ. So konnte kein Gas mehr auslaufen. Und wenn jemand die Tür aufmachte und ihn fand, konnte er nicht in die Luft fliegen, wenn er den Lichtschalter betätigte. Ja, er hatte bis zum Schluss an seine Familie gedacht.

Der Tag der Beerdigung kam. Gegen 14 Uhr fing die Trauerstunde an. Der gute Mann am Pult sprach von meinem Schwiegervater, ich hörte gar nicht richtig zu. Stattdessen beobachtete ich alle. Sie saßen da, meist mit Tränen auf den Wangen. Ich dachte so daran zurück, was er alles gemacht hatte, für seine Tochter und mich. Immer hatte er geholfen, wenn wir Hilfe brauchten. Überhaupt hatte ich meinen Schwiegereltern sehr viel zu verdanken. Aber so ist nun einmal das Leben. Nun ging bis zum 13. Dezember noch so viel Zeit ins Land, dass ich schon zweifelte, ob der „offene Vollzug" noch etwas bringen würde. Aber ich hatte zu tun mit dem Begräbnis meines Schwiegervaters. Ich musste mich um die Papiere kümmern, das Auto verkaufen. Ich war abgelenkt, indem ich meine Schwiegermutter zu Terminen fuhr oder ihr bei irgendwelchen Arbeiten half. Ich war schon froh, wenn ich eine Stunde in der Woche bei Frau Baumann antrat, um mir etwas Luft zu verschaffen. Wenn ich ehrlich zu mir selbst bin, muss ich zugeben, dass eine Stunde in der Woche nach dem Tod meines Schwiegervaters doch etwas zu wenig für mich war. Zwar kam ich immer etwas positiv erleichtert aus Frau Baumanns Stunde zurück, aber nach einem oder zwei Tagen verfiel ich immer wieder auf Plan A. Frau Baumann war und ist immer noch ein Ruhepunkt für mich, auch wenn ich es mir nicht eingestehen wollte. Aber es war und ist so. Der Termin, an dem ich zum ersten Mal in die Tagesklinik sollte, kam und ich nahm ihn wahr. Ich hatte gedacht, dass es schon am nächsten Tag losginge, damit war aber nichts. Es wurde mir gesagt, dass ich so sechs bis zwölf Wochen warten müsste. Was soll ich Ihnen sagen, ich warte immer noch. Dabei hatte ich mir zwei Einweisungsscheine geben lassen, um noch eine andere Tagesklinik kontaktieren zu können. Von dem Rentenberater, den ich bezahlte, hörte ich nichts.

Ich musste ihn anrufen und fragen, wie der Stand der Dinge sei. Da bekam ich zur Antwort, er könne nichts sagen und ich solle abwarten. Hatte ich mein Geld hinausgeworfen? Was hatte er getan? Meine Befunde genommen, einen Widerspruch geschrieben und bei der Rentenversicherung eingereicht. Und sich dann nicht wieder gemeldet. Das hätte ich auch selbst machen können. Frau Baumann sagte mir, dass alles seine Zeit brauche und ich solle mehr Geduld aufbringen. Und so versuchte ich, geduldig zu sein … Meine Frau und ich wurden zu Bekannten eingeladen. Denn in letzter Zeit sahen wir uns immer weniger, was an mir lag. Ich wollte keine Kontakte mehr und Interesse hatte ich schon lange nicht mehr. Früher hatten wir uns fast jedes Wochenende gesehen und hatten gegrillt. Meine Frau erinnerte mich daran. „Ja, früher", sagte ich, „alles ändert sich eben." Es graute mich schon immer, wenn wir bei Bekannten eingeladen waren und viel gelacht wurde. Ich lachte nur mit, um nicht aus der Reihe zu tanzen. In Wirklichkeit interessierte mich das alles nicht mehr. Ich hatte immer gute Miene zum bösen Spiel gemacht. Es war nicht so wie beim Grillen mit meiner

Schwägerin, wo ich mich nicht verstellen musste. Und wenn sich dann noch alle über die Arbeit unterhielten, was bei dem einen oder anderen so vorgefallen war, wurde ich immer ganz ruhig und merkte, dass ich ein schlechtes Gewissen bekam und nur nach Hause gehen wollte. Dann kam der Ärger wieder hoch, dass ich versagt hatte. Bei mir ging es in dieser Zeit nur bergauf und -ab. Ich wusste schon gar nicht mehr, was gut und was schlecht war für mich. Eines wusste ich aber hundertprozentig: Sollte ich zwangseingewiesen werden, wie es Sabine vorhatte, dann würde ich keinen Alkohol mehr brauchen. Und Hemmungen würde ich wohl auch keine haben. Wenn ich dann den ganzen Tag anderes Elend sehe und nur am Grübeln bin, ist das für mich, wie lebendig eingemauert zu sein. Draußen komme ich doch mal auf andere Gedanken, wenn auch nicht oft. Und werde doch ab und zu einmal abgelenkt. Zum Beispiel mit meiner Eisenbahnplatte, die ich vor allem für die Enkel aufgebaut hatte. Na gut, auch für mich. Das hatte ich im Januar angefangen, einmal hatte ich auf sie eingeschlagen, als ich Kabel verlegte und eine dumme Bewegung machte, sodass ich wieder Schmerzen hatte, aber vom Feinsten. Und das Ende vom Lied war, nachdem ich mich erholt hatte, dass der Schaden behoben wurde und ich weiter baute. Blöd, oder? Nach drei Monaten war ich fertig. Ich zeigte es meinen Enkelkindern und dachte, ich tu ihnen etwas Gutes. Falsch gedacht, sie freuten sich zwar ein paar Minuten daran, wie die Bahn im Kreis fuhr. Aber es war eben nur ein Spielzeug zum Anschauen, und nicht zum Anfassen. Da verliert man als Kind schnell das Interesse, kann ich auch verstehen. Es wird wohl doch stimmen, dass das nur Spielzeug für Erwachsene ist. Was soll's, die Zeiten ändern sich eben und heute ist nebenbei noch digitales Spielzeug in der Mode, wie ein Handy oder Tablet. Obwohl ich sagen muss, dass unsere Enkelkinder mit Freude und großem Interesse Fußball spielen. Das ist heute schon viel wert. Und es macht mich ein wenig stolz.

Der steinige Weg und sein Ende

Und nun saß ich hier bei Frau Baumann auf dem Stuhl.
Denn es nahte der Termin für das zweite Gutachten. „Was
soll ich ihm erzählen?", fragte ich Frau Baumann. Sie sagte
nur: „Sei wie immer und vor allem: Sag nur die Wahrheit,
mehr nicht." Wenn man auf der anderen Seite des Tisches
sitzt, kann man so etwas schon mal leicht sagen.

Ich wurde aus meinen Gedanken gerissen, als die Tür
aufging und ich hereingerufen wurde, zum Gutachter. Ich
schaute auf die Uhr, es war 10:55 Uhr. Wie ich so in der Tür
stand, vielleicht drei bis vier Sekunden, da wurde ich
gemustert, von oben bis unten und einmal zurück. Ich
fühlte mich wie ein Lügner und Versager. Da war wieder
diese gleiche zerstörerische, abgründige Angst, die
Konfrontation nicht auszuhalten. Meine Scham fühlte sich
an, als würde sich etwas von innen durch meine
Eingeweide fressen. Der Inquisitor – der Gutachter – saß
nun vor mir. Würde er mich demütigen? Ich war wieder
acht Jahre alt und hatte das schmutzige Hemd an. Ich sollte
der gierigen Welt etwas präsentieren und fühlte mich

dabei, wie sich ein Zwerg unter Riesen fühlt. Die Blicke waren von oben auf mich herab gerichtet. Da war es wieder, dieses Gefühl der Demütigung, das ich schon als Kind hatte in der Schule. Damals, als mich Frau Krüger gezwungen hatte, mir vor der Klasse das Hemd auszuziehen ... „Aus solchen wie dir werden schlechte Menschen", hatte die Nazilehrerin gesagt. Wie ich sie hasste. Aber mehr noch hasse ich mich dafür, dass ich so schutzlos war. Ich brauchte einen Panzer und jetzt fing ich an, mir einen zu weben. Ich war nahe am rettenden Abgrund und derweil erfand ich mich neu, wieder einmal. Ich hatte diese Kraft, mich sicher zu fühlen und handlungsfähig zu sein. Im ersten Moment dachte ich: „Den überlebst du nicht." War ich ihm ausgeliefert? Nein, denn ich hatte immer den perfekten Plan, endgültig. Das war der einzige Moment, an dem ich dachte: „Ich kann das tun." Zu sterben war eine Option, das fühlte sich plötzlich ganz anders an, als ausgeliefert und hilflos zu sein. „Guten Tag, Herr Schäfer, nehmen Sie Platz." „Danke", gab ich zurück, „sie wollen doch sicher noch die anderen Befunde haben, die ich mitgebracht habe." „Nein", gab er zur

Antwort. „Na", ging es mir durch den Kopf, „das kann ja heiter werden ..." Er nahm einen Zettel und stellte mir Fragen, die ich mit Ja oder Nein zu beantworten hatte. Fragen wie zum Beispiel: „Haben Sie einen Hund? Haben Sie ein Haus? Haben Sie einen Garten? Haben Sie Freunde?" usw. Es dauerte keine zehn Minuten und ich war wieder raus. Das ging ja schnell und das Resultat konnte nur negativ sein, so waren meine Gedanken. Was hatte Sabine gesagt? „Sei wie immer und sag die Wahrheit ..." Es war das neue Jahr 2017, Ende Januar. Nun war es schon über vier Wochen her, dass ich beim Gutachter gewesen war. Und immer noch keine Nachricht von der Rentenstelle. Von meinem Rentenberater hatte ich schon lange nichts mehr gehört. Ich erreichte ihn auch nicht, was mich noch viel unruhiger machte. Frau Baumann hatte die Ruhe weg, es brauche alles seine Zeit ... Sie hatte recht. Mitte Februar kam ein vorläufiges Schreiben von der Rentenstelle. Darin stand, dass mein Antrag genehmigt worden sei und ich meine Rente rückwirkend zum November 2016 bekäme. Ein offizielles Schreiben würde ich noch bekommen. Zu meiner nächsten

Therapiestunde nahm ich das Schreiben mit und sagte ganz ernst: „Du hast doch gesagt, ich solle die Wahrheit sagen beim Gutachter." „Ja", erwiderte sie. „Das habe ich nun davon, hätte ich bloß nicht auf dich gehört. Lies dir das bitte mal durch." Ich gab ihr das Schreiben. Sie sah etwas erschrocken aus und begann zu lesen. „Mensch, jetzt hast du mich aber verarscht, ich dachte schon sonst was …" „Aber noch habe ich sie nicht", sagte ich, „das ist inoffiziell." „Mach dir keine Sorgen, so etwas schreiben sie ja nicht, nur um dich bei Laune zu halten." „Auf das Eis gehe ich noch nicht", gab ich zur Antwort. Aber ich vertraute ihr, sodass ich bessere Laune bekam. „So", sagte ich, „es ist durch. Was soll noch passieren? Du wolltest doch immer wissen, wo ich es getan hätte." „Ja, das stimmt." „Dann schau mal aus dem Fenster." Ich zeigte ihr einen abgerissenen Industrieschornstein, der noch gute 10 Meter hoch war und von uns ungefähr 250 bis 300 Meter Luftlinie entfernt war. „Siehst du den Schornstein? Da hätte ich es getan. Und ich habe ihn bei jeder Stunde, die ich hier war und dir gegenübersaß, gesehen und war beruhigt, dass er noch stand … Ich hatte ihn schon untersucht und dachte, ich müsse von oben ran. Brauchte ich aber nicht, da es unten eine Öffnung gibt. Nachdem ich meinen Plan auf dem Dachstuhl nicht zu Ende gebracht hatte, hatte ich mir ein neues Objekt gesucht und dieses war besser als der Dachstuhl ..."

Obwohl kein Brief mehr kam von der Rentenstelle, machte ich mir keine Gedanken und fühlte mich wohl. Und der „Plan" war nun fast schon wieder vergessen. Mitte März bekam ich einen Anruf von der Rentenstelle: „Herr Schäfer, ich habe Ihre Unterlagen bearbeitet und musste feststellen, dass bei Ihnen zwei Monatsbeiträge von 1980 fehlen. Und zwar Februar und März. Wir haben schon im Archiv gesucht, aber nichts gefunden." „Und was heißt das jetzt bitte?", fragte ich schon wieder genervt. „Wir können die Rente nicht berechnen." „Also, wenn es stimmen sollte, was Sie sagen, dann hätte ich keinen Facharbeiterbrief, oder wie sehen Sie das denn, junge Frau?" „Da haben Sie eigentlich recht, Herr Schäfer. Ich muss mich erst einmal kundig machen. Ich wünsche Ihnen noch einen schönen Tag." Den hatte ich nun nicht mehr. Vor Panik rief ich den Rentenberater an. Natürlich war er nicht zu erreichen, was mich noch mehr nervte. Ich versuchte mehrere Tage lang, ihn ans Telefon zu bekommen. Mein ganzes positives Denken, das ich bis zu diesem Anruf hatte, schlug nun um ins Negative. Also machte ich einen Plan, um diese Bettelei endlich zu beenden. Jetzt war endgültig Schluss. Gas und eine Plastiktüte waren schnell besorgt. Ich ging noch am nächsten Tag zu Frau Baumann. Was eigentlich Blödsinn war, denn ich war schon zu hundert Prozent negativ eingestellt und fest entschlossen, die Sache zu Ende zu bringen. Ich wollte erst gar nicht mehr hingehen, sondern gleich zum Schornstein. Aber das hatte Sabine nicht verdient. Sie hatte viel Arbeit mit mir gehabt. Ich hätte ihr auch eine SMS senden können. Aber ich war so fair und wollte mich noch verabschieden. Also ging ich zu meiner „letzten" Sitzung, wie ich gedacht hatte. Und wie immer fragte sie mich, wie es mir gehe. „Mir geht es wunderbar und jetzt ist endgültig Schluss mit der Bettelei." Ich erzählte von dem Anruf, den ich bekommen hatte. Jeder Russlanddeutsche, der zu uns kommt, bekommt sein Geld ohne Wenn und Aber. Für Flüchtlinge, die ins Land gekommen sind, ist Geld vorhanden. Und vor allem, ohne zu wissen, wer gut oder böse ist. Ein jeder bekommt sein Geld ohne Überprüfung. Wenn es ihnen zusteht, dann sollen sie es auch bekommen, damit habe ich kein Problem. Dann noch die Aussage auf dem Arbeitsamt, als ich auf die jungen Kerle hingewiesen hatte.

Ich zitiere:

„Die jungen Kerle, die Sie gesehen haben, haben wir schon abgeschrieben."

Das heißt mit anderen Worten: Sie werden nicht zur Arbeit gezwungen, sondern zu Hartz IV.

Aber lassen wir das, sonst werde ich noch als Nazi hingestellt, denn das geht neuerdings sehr schnell in Deutschland.

„Weißt du, Sabine, die meisten von denen, die ich hier aufgeführt habe, haben keinen Cent irgendwo in Deutschland eingezahlt. Ich, der Steuern, Renten- und Kassenbeiträge gezahlt habe, muss nun betteln! Die sollen sich ihr Geld in den Arsch stecken, sorry, aber ich bin in Rage. Ich will nicht mehr. Das war unsere letzte Sitzung und du weißt ja, wo du mich findest", sagte ich und sah zur Esse hin. „Und es tut mir leid, dass ich mir bei dir Luft mache. Denn du kannst ja nun überhaupt nichts dafür. Aber irgendwer musste es sein." Sabine sprang auf, ans Handy. „Ich muss dich jetzt einliefern lassen, das mache ich nicht mehr mit!" „Wie willst du das machen?" „Ich rufe jetzt die Polizei an." „Bevor die hier sind, bin ich verschwunden." „Ich halte dich auf, denke nicht, dass ich aus Pappe bin." Diese Seite kannte ich noch gar nicht an ihr. „Hast du heute versucht, den Rentenberater zu erreichen?" „Nee. Er geht eh nicht ran." Ich zeigte ihr die Anrufliste auf meinem Handy. Und wieder musste ich einen Beweis vorlegen, indem ich die Handyliste zeigte. Ich bin nicht normal, oder? „Gib mir das Handy! Ich versuche, ihn anzurufen." „Bitte, wie du meinst." Sie wählte und was soll ich Ihnen sagen? Er nahm ab. Sie erzählte ihm von dem Anruf. Und sie wollte wissen, was passieren würde, wenn Beiträge fehlten. Das war anscheinend nebensächlich. Er hatte ein anderes Problem. „Wieso ruft die Stelle Herrn Schäfer und nicht mich an? So wäre es richtig gewesen." Er fühlte sich anscheinend hintergangen. „Das interessiert mich jetzt nicht, bitte beantworten Sie meine Frage", gab

Sabine verärgert zurück. „Na ja, wenn Beiträge fehlen, dann gibt es schon Probleme, da man ja die Rente nicht berechnen kann. Mitunter gibt es gar nichts." Da Sabine den Lautsprecher angestellt hatte, hörte ich alles mit. Wenn er das schon so sagte, dann war da etwas dran, dachte ich mir. Sie legte auf und sah mich an. Jetzt erst musste sie begriffen haben, dass ich dieses Ding durchziehen würde ...

„Hast du die Nummer von der Rentenstelle?" „Nee, aber du hast doch eine Kopie von meinem Bescheid." „Stimmt", gab sie zurück, „da rufe jetzt an." „Komm, lass es, es hat sich erledigt", antwortete ich, „du hast doch gehört, was er gesagt hat." „Ich rufe jetzt dort an, ist das klar?" Es war schon ein Befehlston. Diese Frau möchte ich auch nicht zum Feind haben, dachte ich bei mir.

Sie hatte Glück, dass genau die Bearbeiterin ans Telefon ging, die mich angerufen hatte. „Mein Name ist Baumann und ich therapiere den Herrn Schäfer. Er sagt, Sie hätten ihn angerufen. Es würden noch Beiträge von 1980 fehlen." „Ja, stimmt." „Was kann im schlimmsten Fall passieren?" „Die Rente wird ohne die fehlenden Beiträge berechnet, nur dass dies etwas länger dauert, da wir noch alle Archive durchsuchen müssen." „Ich frage nur, weil Herr Schäfer schon am Rad dreht. Und er hat mir gesagt, dass ohne die Beiträge die Rente nicht berechnet werden kann." „Ja, genau das hatte ich ihm gesagt. Gut, die Aussage von mir war bestimmt etwas verwirrend und er hat sie falsch aufgenommen. Er soll sich keine Sorgen machen, es dauert nur etwas länger." „Ich danke Ihnen für die Auskunft und wünsche Ihnen noch einen schönen Tag." Sie legte auf. Mir lief es kalt und heiß den Rücken herunter … Sabine sah, wie ich erleichtert zusammensackte. „Siehst du, alles ist in Ordnung, das Problem ist gelöst." „Weißt du, was du gerade gemacht hast? Sabine, du hast mir zum zweiten Mal den Arsch gerettet, aber richtig. Darf ich dich mal drücken?" „Na klar", gab sie zurück. „Das kann ich gar nicht wiedergutmachen." „Musst du nicht, das ist meine Arbeit." Mir lief der Schweiß die Stirn hinunter. „Und was machst du jetzt? Du kannst das Leben nun genießen …" „Das werde ich bestimmt machen." Es gelang mir aber nur zwei Wochen lang. Denn ich machte mir schon wieder Gedanken, was im Jahr 2018 wäre. Da musste ich ja wieder antreten und einen neuen Antrag stellen. Dann würde der ganze Mist von vorne anfangen und ich musste mich wieder von Neuem verteidigen.

Da ich nun die Rente bewilligt bekam, ging es mir dank Sabine eigentlich gut. Ich hatte eine Idee und rief das Kinderheim in Gera an, um zu fragen, ob es möglich sei, dass ich einmal einen Besuch abstatte. Der Leiter fragte mich, warum ich das möchte. So erzählte ich ihm, dass ich selbst in diesem Heim gelebt hatte. „Das machen wir aber eigentlich nicht gern, die Kinder zur Schau stellen", gab er zurück. „Ich möchte ja nicht die Kinder sehen, sondern nur das Heim, wie es sich verändert hat." „Wenn, dann geht es nur vormittags, wenn die Kinder in der Schule sind." „Gut, machen wir einen Termin. Am nächsten Freitag gegen 10 Uhr?" „Können wir machen, Herr Schäfer. Aber ich werde nicht vor Ort sein. Ich sage meiner Kollegin Bescheid, dass Sie kommen."

Ich bedankte mich für die Zusammenarbeit und legte auf. Eigentlich wollte Frau Baumann mitkommen, sprang aber dann kurzfristig ab, warum, wusste ich nicht. Sie war die

Einzige, die wusste, dass ich das Heim besuchen würde. Also fuhr ich alleine nach Gera. Nach knappen zwei Stunden war ich angekommen. Und wie der Teufel es wollte, wusste die Kollegin von nichts, und ich durfte das Heim nicht betreten.

Was ich machen durfte, war, mir die Außenanlagen anzuschauen. Hinter dem Heim war ein Teich. Er hatte sich nicht viel verändert seit jener Zeit. Im Sommer konnte man dort baden und im Winter spielten die Kinder Eishockey. Damals war das noch möglich, denn da gab es noch einen ordentlichen Winter. Jedenfalls setzte ich mich ans Ufer ins Gras. Und erinnerte mich daran, wie wir als Kinder hier gespielt hatten. Da war so ein merkwürdiges Gefühl, das ich nicht beschreiben konnte. Nach fünfzehn Minuten kam mir der Gedanke, meinen alten Schulweg langzugehen. Der war natürlich nicht mehr zu erkennen, weil sich alles verändert hatte. Ich setzte mich auf eine Bank und schloss die Augen. Ich ließ die Kinder gedanklich an mir vorbeiziehen und hörte ihre Stimmen. Da dachte ich: „Jetzt verblödest du total und bist reif fürs Heim. Du hörst schon Stimmen, wo keine sind." Also ging ich zum Auto. Auf der

Rückfahrt kam es mir in den Sinn, meine „Bude" zu suchen. Irgendetwas trieb mich dorthin. Ich wusste nicht, was. So fuhr ich zurück zu meiner alten Wohnstätte. Ich stellte das Auto an der Hauptstraße ab und ging zu Fuß durch die Gasse. Unser Haus gab es nicht mehr und das Grundstück war aufgeteilt worden an die Anlieger. Auch „die Hexe" hatte damals den Zaun versetzt, so um drei oder vier Meter. Das „Hexenhaus" war leer und begann zu verfallen. Auf dem Weg zur Bude ging ich an „meiner" Asche vorbei, wo ich mich herumgetrieben hatte, um mein Fahrrad zu bauen, aber sie gab es auch nicht mehr. Sie war völlig zugewachsen. Überhaupt sah es hier aus, alles war wild verwachsen. Ich ging dann den alten Weg zum Wäldchen entlang. Die Kuhweide und der Zaun waren weg. Also ging ich über die „Weide" zu meiner Bude. Da, wo die Bude gestanden hatte, war nichts mehr zu sehen. Das Hochwasser hatte ihr in all den Jahren den Rest gegeben und sie mit- und eingerissen. Ich setzte mich auf einen Baumstumpf und drehte die Zeit in Gedanken zurück … Da sah ich den kleinen Jungen, wie er vor dem Lagerfeuer sitzt, mit Tränen im Gesicht, und eine aufgespießte Kartoffel über das Feuer hält. Das war die schlimmste Zeit meiner Kindheit gewesen, ging es mir durch den Kopf. Ich hatte Mühe, die Tränen zu unterdrücken. Dass mir das nach all den Jahren immer noch so sehr an die „Nieren" gehen würde, hätte ich nicht gedacht. Ich saß vielleicht eine halbe Stunde auf dem Baumstumpf. Die ganzen Erinnerungen von damals wurden wieder wach. Ich glaube, ich hatte, wie ich da so saß, das Kapitel abgeschlossen. Dann ging ich zum Auto. Auf dem Rückweg kam mir ein junger Mann entgegen, der seinen Hund ausführte. Ich ging den Weg zurück zum Auto und fuhr nach Hause. Sabine erzählte ich bei der nächsten Sitzung, was ich in Gera so erlebt hatte. Sie sagte, dass das, was ich erlebt hatte, ein Flashback gewesen sei, was ganz normal ist.

Flashback:

Flashbacks können etwa bei einem Duft aus der Kindheit, beim Hören alter Lieblingslieder oder der Wahrnehmung eines aus der Vergangenheit bekannten Ortes auftreten. Dabei fühlt sich die Person für kurze Zeit, meist einige Sekunden und selten länger als drei Minuten, in die Situation zurückversetzt bzw. erlebt sie erneut. Diese Art von Flashback ist also nur eine besondere Form intensiver Erinnerung.

Quelle:

https://de.wikipedia.org/wiki/Flashback_(Psychologie)

Nachdem mir Sabine gesagt hatte, dass das alles normal sei, ging ich beruhigt nach Hause. Denn ich musste mich jetzt auf den neuen Termin im Jahr 2018 vorbereiten. Obwohl der Termin noch weit, weit weg war und die Zeit langsam läuft, graute es mir trotzdem schon davor, mich wieder verteidigen zu müssen. Ich staunte nur, dass ich meine Depression, von der ich ja selbst nichts wusste, so gut vor den Bekannten und vor der Familie verbergen konnte. Manchmal spielte ich den Lustigen, als wenn die Welt für mich in Ordnung war. Dabei dachte ich immer, ich würde wahnsinnig werden. Manchmal, schon nach dem Aufstehen, musste mir Jutta beim Anziehen helfen, da ich solche Schmerzen hatte, dass ich mir nicht einmal selbst die Strümpfe anziehen konnte. Und dann quälte ich mich auf der Arbeit. Wenn ich von der Arbeit kam und Jutta musste mir wieder helfen beim Ausziehen, da ich Schmerzen ohne Ende hatte, sagte ich des Öfteren: „Ich will nicht mehr." Zum Glück hatte Jutta mich nicht für voll genommen. Sie antwortete nur: „Dann geh zum Arzt." Was ich natürlich nicht tat, denn ich „musste" ja arbeiten. Da haben wir sie wieder, die falsche Ehre im Leib … Ich blieb noch einige Monate bei Frau Sabine Baumann in Behandlung. Nun werden viele Leser fragen, ob ich nur schlechte Erinnerungen an mein Leben habe. Natürlich nicht, ich hatte auch schöne Stunden, Tage und auch Wochen mit meiner Familie. Jene, die mir halfen, mein Elend zu vergessen. Aber was soll ich Ihnen sagen? Dieses Buch trägt nicht den Titel „Gute Erinnerungen", sondern „Böse Erinnerungen".

Der Mensch kommt ohne nichts in die Zeit und der Mensch geht ohne nichts aus der Zeit.
Also sollte der Mensch die Zeit zwischen Kommen und Gehen nutzen und das Beste daraus machen.
Denn die Zeit läuft weiter …

Aber wer weiß schon, was die Zeit bringt.
Sie vielleicht? Ich jedenfalls nicht …

Vielleicht schreibe ich meine Geschichte ja weiter, und wenn nicht, geht das Leben auch seinen Lauf.

Nachwort

Depression:
Eine Depression ist eine psychische Erkrankung, die sich in zahlreichen Beschwerden äußern kann. Eine anhaltende gedrückte Stimmung, eine Hemmung von Antrieb und Denken, Interessenverlust sowie vielfältige körperliche Symptome, die von Schlaflosigkeit über Appetitstörungen bis hin zu Schmerzzuständen reichen, sind mögliche Anzeichen einer Depression. Die Mehrheit der Betroffenen hegt früher oder später Suizidgedanken, zehn bis fünfzehn Prozent aller Patienten mit wiederkehrenden schwer ausgeprägten depressiven Phasen sterben durch Suizid.

Quelle: https://www.neurologen-und-psychiater-im-netz.org/psychiatrie-psychosomatik-psychotherapie/erkrankungen/depressionen
Vor allem muss man erst einmal wissen, dass man eine Depression hat. Ich hatte es nicht gewusst und dachte immer, ich werde verrückt. Vielleicht konnte ich einigen Lesern, die eine Depression haben, ohne es zu wissen, so wie ich, etwas helfen. Versuchen Sie nicht, diese zu unterdrücken. Auch wenn man „keine Schwächen" nach außen zeigen darf oder will. Lassen Sie sich helfen …

Danksagung

Diese Aufzeichnungen entstanden mithilfe meiner Therapeutin, der ich sehr viel zu verdanken habe. Ohne sie hätte
es mich und die Aufzeichnungen wahrscheinlich nicht
mehr gegeben …
Mein Dank gilt auch meiner Tochter „Tina", welche mich
bei der Entstehung des Buches beraten hat.
Dieses Buch widme ich aus tiefer Dankbarkeit Frau „Sabine
Baumann".

Zeitfracht Medien GmbH
Ferdinand-Jühlke-Straße 7
99095 Erfurt, Deutschland
produktsicherheit@kolibri360.de